1st Annual
BOOKATHLON

This is but one of approximately 2,000 books purchased with funds raised by the **1st Annual BOOKATHLON** Drive. Many contributors are responsible for its success. Those listed here are but the major donors.

Visalia/Tulare County Library Foundation

Bob Mathias	MediaOne
Gottschalks	Q97 fm
K100 99.7 fm	Tucoemas Federal
KJEO TV 47	Credit Union
McDonald's	Valley Voice

"Twice Monthly Newspaper and publisher of Discover Magazine"

Major Contributors

AAUW—Visalia-Sequoia Branch
Sarvamitra Awasthi
Karen & James Atwell
Andrew O. & Barbara Balerud
Justice & Mrs. Jay Ballantyne
Stanley M. Barnes
Mikael Brown
Mr. & Mrs. David Cislowski
Covenant Convoy, Inc
Maggie Cooper
Mary C. Schorr
Russell Doe
Ramona Drew
Tracy Epstein
Thelma Essix & Fred Jensen
Friends of the Tulare County Library
Frigulti-Black
Gerald Fukada
Nick Gayton
In Memory of Lowell H. Gillett
Mr. & Mrs. F. Gindick

Paul R. Goodholm
Nancy Gravender
Claire Hemingway
Ann Hickey
Mr. & Mrs. Everett S. Krackov
Leslie Lessenger, Ph.D.
Robert & Carole Ludekens
M. Maksy, M.D.
Mark & Carolyn Guidry Foundation
Masaru's Japanese Restaurant
Dale & Joy Mehrtea
David Minyard
Frederic L. Mundy
Ralph & Denise Nelson
Anthony & Dian Nunes & Family
Pappas Telecasting Companies
Mrs. Joyce Parrott
Paul & June Peachey
Catherine Petty
Presto Print

Marn Reich
Thomas & Carol Rose
Round Table Pizza
Sarah Shena
Sequoia Natural History Association
Tom & Deb Sherry
Surroz Dodge & BMW
Chris Terrence
Tulare County Office of Education,
    Special Services
Sander Valyocsik & Amanda Rose
Visalia Citrus Packing Group
Visalia City Council
Visalia Elks (BPOE #1298)
City of Visalia Senior Services
    —Busy Bees
Visalia YMCA
Wal-Mart
Phyllis Watte
Ellen Wright

VIDA Y LUCHA DE
EMILIANO ZAPATA

Vigencia histórica del héroe mexicano

PABLO MOCTEZUMA BARRAGÁN

VIDA Y LUCHA DE
EMILIANO ZAPATA

Vigencia histórica del héroe mexicano

grijalbo

VIDA Y LUCHA DE EMILIANO ZAPATA
Vigencia histórica del héroe mexicano

© 2000, Pablo Moctezuma Barragán

D.R. © 2000 por EDITORIAL GRIJALBO, S.A. de C.V.
    (Grijalbo Mondadori)
    Homero núm. 544,
    Chapultepec Morales, 11570
    Miguel Hidalgo, México, D.F.

ISBN 970-05-1184-7

IMPRESO EN MÉXICO

A Hardial Bains

*Tenaz luchador por la justicia y
por la causa de los trabajadores.*

A Gloria Fraustro

*Mujer ejemplar que ha dedicado
su vida a la lucha de los maestros.*

Índice

Introducción

A 80 años del asesinato de Emiliano Zapata, su vida y su obra siguen vigentes. Por calles, avenidas y plazas de México el grito "¡Zapata vive... la lucha sigue!" resuena cada vez con más fuerza. Conocer la experiencia de Zapata, sus ideas, su proyecto de país, cómo logró sus éxitos y la causa de sus derrotas cobra hoy más que nunca gran importancia.

Este libro combina un profundo rigor histórico con un estilo ameno, que hará que su lectura sea muy agradable y formativa. Pueden leerlo todas aquellas personas que buscan un cambio para México. Zapata como inspirador e incitador de un cambio y como ideólogo de una revolución es un hombre que ama profundamente a México con todo su ser, tanto que hoy día su espíritu permanece entre nosotros. Por eso es que quiero hacer esta introducción con la carta que escribí y que él seguramente escuchó:

Recibe un atento saludo de mi parte. Te escribo esta carta porque estás más vivo que nunca. ¿Te acuerdas que trataron de matarte? ¿Recuerdas lo que sentiste cuando decenas de fusiles te apuntaron en Chinameca... cuando vomitando fuego te derribaron del caballo... recuerdas el sabor a polvo y sangre aquel 10 de abril de 1919?

¿Quién les iba a decir a tus enemigos que a pesar de todo ibas a seguir vivo y cabalgando... recorriendo distancias a galope... llenando a México con tu presencia... rompiendo fronteras? ¿Quién les iba a decir que tú, espléndido jinete, aún después de ser asesinado, ibas a seguir cabalgando por todo el mundo? Trataron de matarte, pero no pudieron, porque el hombre digno no muere nunca, ni el justo, ni el honrado. Y a ti, que fuiste digno, justo y honrado, la muerte no te mató. Tampoco el que ama muere y tú amaste en serio, a ti te amó tanta gente, que te ha mantenido vivo, te hemos mantenido vivo. Con un cariño de ese que se siente muy dentro y que no se agota.

Fíjate, Emiliano, que por los años setenta recorrí los estados de Morelos y Puebla, siguiendo tus huellas, respirando tus aires, mirando tus paisajes, hablando con tus veteranos combatientes y hasta con una de tus novias. Me impresionó la firmeza con que la gente me decía que seguías vivo... y que estabas en Arabia. Me parecían ilusos. Ahora me doy cuenta de que el iluso era yo, en pensarte muerto, tú sigues vivo. Sólo en algo se equivocó la gente, no estabas en Arabia... sigues en México... en México y en todo el mundo. Y además cada día te haces más famoso, tu figura y tu nombre están en todos lados... Tus ojos tiernos y llenos de fuego nos miran por todas partes, en fotos y pósters, desde las escuelas, oficinas, casas, calles y avenidas. Nos miran tus ojos y nos clavan ideas, nos comprometen a mirar el mundo a través de tus ojos, a mirar a la gente, al pueblo pobre como tú los mirabas... a mirar por ellos como ellos miran por nosotros, a mirar los unos por los otros. A mirar por nuestro México.

¿Cómo es, Zapata, que sigues vivo? ¿De dónde te salió tanta energía, tanto coraje, dignidad, firmeza? ¿De qué madera te hicieron para ser tan derecho? ¿Cómo le hiciste o cómo le hicieron para que fueras como fuiste? ¿Qué hay detrás de tu nombre, tu figura, tu mirada, tu compromiso? ¿Quién te educó así? Tan sencillo, tan entero, tan fiel a tu gente; que sacrificaste todo, familia, comodidades y hasta la vida por cumplirle a tu pueblo, al que te eligió, cuando aún eras muy joven, como representante en aquella asamblea del 12 de septiembre de 1909 en Anenecuilco, Morelos.

Si después de batallar y derrocar a Díaz, cuando ya deseabas tranquilidad, te hubieras quedado como querías, con tu Josefa, con tu familia, en paz al ver que del gobierno no obtenías la devolución de la tierra que las haciendas se habían robado. Pero tú, terco, seguiste luchando al frente de los que nada tenían, ya no contra Díaz, sino contra el gobierno "revolucionario" que había llegado al poder para dejar todo como estaba. ¿Por qué continuaste la lucha? ¿Qué te obligaba a seguir adelante hasta que a tu pueblo se le hiciera justicia? ¿Por qué no aceptaste las comodidades que te brindaba Nacho de la Torre cuando fuiste su caballerango, o la hacienda que te ofrecía Madero? ¿Por qué pusiste siempre por delante los intereses de tu pueblo? Pudiste haber sido rico y poderoso, comprar todos los caballos que quisieras y darte gusto en ferias y fiestas, pero escogiste el camino difícil, el del deber, el del honor, el del sacrificio. ¿Quién te hizo tan honrado, tan derecho?

¿Por qué fuiste como fuiste? Una gente como tú no se entiende en los días de hoy. ¿Qué es eso de ser sincero, sencillo, responsable, generoso? ¿Cómo era posible que un general como tú, se quitara el alimento de la boca, se descobijara para cubrir a un humilde soldado? ¿Dónde se había visto eso? Tampoco se entendía en tus días... te llamaban indio, bandido, ignorante, guarachudo. Pero a ti no se te ocurrió aprovecharte, dabas órdenes estrictas de no saquear, de respetar al pueblo, de pedir humildemente un taco y un vaso de agua. Mientras los otros "revolucionarios" se quedaban con las mansiones de los más ricos, saqueaban las iglesias, se quedaban con las haciendas.

¿Cómo le hiciste para ver tan claramente, sin haber ido a la universidad, los peligros que tendría México en las décadas posteriores? Desde aquellos años anunciabas: "Los Estados Unidos se echarán contra nuestra nacionalidad". Y a pesar de que te consideraban ignorante, tú eras el que daba las ideas, el que guiaba, preveía, alertaba. ¿De qué madera te hicieron? ¿De qué árbol salió tan buen fruto? Tenías hondas raíces nahuatlacas, de tus abuelos que lucharon con Morelos en el sitio de Cuautla y con Juárez en la intervención francesa. En fin, Emiliano, son tantas las preguntas que no me responden tus ojos, tus bigotes, tu foto a caballo o con el rifle en la mano. Son tantas las cosas que no sé de ti, que me pareció importante ir más allá de tu figura, y de pronunciar tu nombre con respeto; se hizo necesario regresar y buscarte y encontrarte y seguir tus pasos, escarbar entre tus antepasados, verte nacer y crecer. Se me hizo necesario saber qué decía la gente de ti. Sentir tu dolor, gozar tu alegría, palpar tu carácter. Conocer tu experiencia... tu vida y tu lucha. Y para comprenderla mejor escribí un libro, para poder entender por qué saliste tan valiente, tan claro, tan íntegro; para saber cómo hemos de hacerle para ser justos y sencillos, valientes y honrados, responsables y generosos como tú lo fuiste.

Tu proyecto de nación, basado en el poder y la autonomía municipal, en una democracia a la mexicana, es el mejor proyecto si se trata de que en México triunfe la democracia, de que cada comunidad participe en la toma de decisiones, de que haya justicia para los trabajadores. Tú, que siempre te preocupaste por la alianza entre obreros y campesinos, por decretar leyes más justas para el trabajador.

Emiliano Zapata, un hombre que es más que un nombre en letras de oro en la Cámara de Diputados, nombre en calles y avenidas, nombre de escuelas y de asociaciones de taxistas, de vendedores ambulantes, de organilleros. Nombre de asociaciones campesinas y urbanas, nombre de guerrilleros, nombre de centro de acopio de locales y auditorios, de cines y teatros. Nombre de película de Marlon Brando. Tú, Emiliano Zapata, eres más que tu nombre, eres más que el hombre que fuiste, más que la llama de tus ojos encendidos, ojos de obsidiana, fuego de energía, fuego que enciende nuevos valores, nuevas formas de ser. Fuego que nos funde, nos compromete en esos nuevos valores de amor, de respeto, de entrega al pueblo trabajador, a la patria, a la comunidad, a la tierra, a la verdad, a la justicia, a la paz, a la democracia, a la independencia.

En mi libro te he querido encontrar, al hombre detrás del nombre de Emiliano Zapata Salazar, encontrarte, seguirte... Bueno, Emiliano, no me despido porque a cada rato nos encontramos.

Tu amigo y admirador.

Pablo Moctezuma Barragán

Estas páginas están pensadas para todas las mujeres y hombres que luchan por un cambio para México. Leer sobre la vida de Emiliano Zapata no es sólo conocer nuestra historia, sino hablar de nosotros mismos, de lo que nos enfrentamos constantemente en vivencias de búsqueda, construcción y lucha por nuestra independencia.

Zapata vive porque nuestra lucha aún sigue, así como sigue la esperanza, la fortaleza y la credibilidad de que el mundo del próximo milenio nos permitirá disfrutar de un México donde se viva la justicia y dignidad de sus habitantes, disfrutaremos también de un planeta que se preocupará por todo lo que existe en él, un planeta que tendrá la sensibilidad de Emiliano para cuidar sus aves, sus plantas y de todos sus hijos.

Esperamos que esta lectura sea un aporte a tu lucha y a tus sueños, y que te identifiques con el mexicano Emiliano Zapata que, como tú, quiere un México que no excluya a nadie y que no esté al servicio de intereses de unos cuantos.

Por el Zapata que vive en ti, en mí y en todos nosotros: ¡Zapaata vive... la luucha sigue!; ¡Zapaata vive... la luucha sigue!; ¡Zapaata vive... la luucha sigue!

I

Niñez y juventud de Emiliano Zapata

Emiliano Zapata Salazar, quien inició y protagonizó la lucha agrarista en México, la primera revolución social del siglo XX, nació el 8 de
agosto de 1879. Vio la primera luz en Anenecuilco, Morelos, pueblo
muy antiguo que tenía 700 años de existencia. Según la costumbre, al
niño se le puso el nombre del santo del día: Emiliano.

Sus padres fueron Gabriel Zapata, de Villa de Ayala, y Cleofas Salazar, de Anenecuilco. Ellos tuvieron diez hijos, de los cuales el noveno
fue Emiliano, a quien de cariño le decían Miliano. De todos los hijos
sobrevivieron cuatro: Eufemio, Emiliano, María de Jesús y María de la
Luz. Uno de sus ancestros, Francisco Ayala, fue un insurgente, asesinado por los realistas en mayo de 1811. Su tío abuelo, José Zapata,
encabezó a su pueblo en la defensa de las tierras de Anenecuilco en
1874. Su abuelo materno, el indígena José Salazar, de muchacho fue
a llevar totopos (tortillas de maíz) a los insurgentes de Morelos sitia-
dos en Cuautla, y se quedó en el encierro, participando en la gesta
heroica que vivió ahí el pueblo bajo las órdenes del gran José María
Morelos y Pavón.

Emiliano era mestizo. Llevaba sangre indígena por parte de su
abuelo materno, José Salazar, y de su abuela paterna, María Ven-
tura. Su abuelo Estanislao Zapata y su abuela materna, Vicenta
Cerezo, eran criollos. La familia tenía tradiciones combativas. Sus
tíos José María y Cristino lucharon en la Reforma y contra los
franceses y el imperio al lado de Juárez, y solían platicarle a
Miliano sus hazañas. Vivían en la pobreza. Don Gabriel decía:
"Para comer en la casa hay que sudar en el surco y el cerro, pero

no en la hacienda".[1] Para no trabajar como peón de los hacendados, se dedicó a la compra-venta de animales. Los hacendados se habían adueñado de la tierra y hasta de las ramas que caían sobre ella. Cuando Miliano fue mayor, empezó a ayudar a sus padres en los trabajos más necesarios; iban a traer leña y manojos de zacate o de yerba para los animales a hurtadillas de los señores guardatierras que, cuando lo sorprendían, además de quitarle su pequeña carga, lo castigaban con dureza.

En Morelos, como en toda la República, las haciendas se apoderaban de las tierras de los pueblos. La producción de caña era la principal actividad económica del estado, aportando la tercera parte del total de la producción azucarera del país. "El 60 por ciento de la superficie total y casi toda la tierra de cultivo del estado de Morelos era propiedad de 30 haciendas".[2]

En estas haciendas azucareras trabajaba la mayoría de la población, pues no poseían tierras propias. La hacienda de Cuahuixtla del terrateniente Manuel Mendoza Cortina, creció a costa de los predios que le quitó al vecino pueblo de Anenecuilco.

El niño Emiliano nació y creció bajo aquel estado de opresión creado por el hacendado de Cuahuixtla. Su infancia transcurrió a la vera de aquellos labriegos que se quedaban sin tierra y sin agua y nada podían hacer. Su mismo padre, don Gabriel, presentaba el apagamiento de fuerzas y energías para protestar[…] que no era una actitud de sumisión personal, sino el estado de depresión colectiva de todo un poblado. Apenas si los relatos de hazañas pasadas que le referían sus tíos, inspiraban en el niño aliento de lucha. Aproximadamente andaría en sus nueve años, cuando Emiliano vio derribar las huertas y las casas del barrio de Olaque, por órdenes del hacendado Manuel Mendoza Cortina, que hacía crecer los campos de Cuahuixtla sobre los predios de Anenecuilco. Entonces se produjo un hecho revelador, cuando el niño vio llorar a su padre frente a la enorme injusticia.

— Padre, ¿por qué llora? –preguntó.
— Porque nos quitan las tierras.
— ¿Quiénes?
— Los amos.

[1] Sotelo Inclán, Jesús, *Raíz y razón de Zapata*, pág. 416.
[2] Millon, Robert, *Zapata. Ideología de un campesino mexicano*, pág. 8.

— ¿Y por qué no pelean contra ellos?

— Porque son poderosos.

— Pues cuando yo sea grande haré que las devuelvan.

El destino del pueblo de Anenecuilco ha sido pelear siempre por sus tierras, y los hombres que nacen en él están unidos a ese inflexible destino. Así, Emiliano desde pequeño supo adivinar cuál era el suyo.[3]

Durante la dictadura porfirista, los terratenientes se fueron adueñando progresivamente de las mejores tierras. Los predios de los que querían apoderarse, eran denunciados como huecos y demasías, y así, con el apoyo de la autoridad, eran acaparados por ellos. La hacienda de Hospital avanzó sobre las tierras de riego y de temporal de Anenecuilco y luego sobre los cerros, donde llevaban a pastar al ganado. Cercaban las tierras e impedían a la gente incluso, transitar por los terrenos que habían sido suyos.

Miliano trabajó desde niño para ayudar a su padre, pero al mismo tiempo asistió a la escuela de Anenecuilco instalada en los portales, junto a la iglesia. Uno de sus maestros fue don Emilio Vera, veterano combatiente de la Reforma y la Intervención, quien le inculcó el amor a México y a las causas populares.

Salía de la escuela a las doce y se iba a ayudar a su padre a traer zacate, y también, para ganar unos centavos, llevaba a pastorear el ganado del español don Modesto Rábila. Pero nunca aceptó trabajar como jornalero. Desde niño se forjó un carácter independiente y rebelde. A los 16 años quedó huérfano al morir su madre. Poco tiempo después murió su padre. Entonces se hizo cargo de sus tierras, que tenía que defender, y de unos animales.

Zapata, como José María Morelos, fue también arriero. Con su atajo de mulas recorría los pueblos y rancherías acarreando maíz, cal y ladrillos, luego arrendó algunas tierras para sembrar sandía, cuya cosecha le producía unos cuantos cientos de pesos que le permitían vivir desahogadamente. Podía sobrevivir con relativa tranquilidad gracias a su trabajo independiente, pero no por eso dejó de preocuparse por la situación de su golpeado pueblo. En los años de la refriega comentaba con frecuencia: "Yo no me levanté en ar-

---

[3] Sotelo Inclán, Jesús, *op. cit.*, pág. 426.

mas por hambre, ni por obtener dinero; con mi trabajo ganaba lo suficiente para vivir".[4]

Desde niño se familiarizó con los caballos, y se convirtió en un extraordinario jinete. Montaba y hacía suertes con gran habilidad ganándose la admiración de todos. De joven le gustaba participar en las ferias de Jiutepec, Cuautla, Tepalcingo, Miacatlán, Mazatepec y en Anenecuilco, donde cada 29 de septiembre se celebraba el día de su patrono San Miguel.

En las fiestas de San Miguelito, Miliano se daba gusto participando en los jaripeos, las carreras de caballos, las corridas de toros y las peleas de gallos. Gustaba vestir el traje de charro, como lo hizo hasta su muerte, con sus hermosos sombreros, el pantalón ajustado de casimir negro con botones de plata, su chaqueta y *gazné* al cuello, botas, espuelas y la pistola al cinto. Siempre lo distinguió el enorme bigote, muy bien cuidado.

El hecho de ser un buen conocedor de caballos lo llevó a contactar con Ignacio de la Torre, dueño del terreno que arrendaba, y yerno de Porfirio Díaz, pues había casado con su hija Amada. Este señor que era un buen caballista, tenía una de las mejores cuadras, sólo superada por la de Escandón. Nacho de la Torre coleccionaba automóviles y era aficionado a las carreras automovilísticas; poseía un tercio de las acciones del Banco de Londres y México y era miembro de su dirección, y también le interesaba la política. Por cierto que, por sus excesos y escándalos, fue criticado por José Guadalupe Posada en la *Gaceta Callejera*.[5]

A Nacho de la Torre le apasionaban los caballos, y participaba en charreadas, carreras de caballos y otros eventos. Algunas veces coincidió con Zapata e incluso compitió con él. Ello influiría para que, años más tarde, Nacho empleara a Zapata en su establo de la capital.

Zapata conoció y amó profundamente su región, el Distrito de Ayala, los estados de Morelos y Puebla. Allí se manifestaban con fuerza las contradicciones que vivía todo México bajo el régimen de haciendas que implantó Porfirio Díaz, durante el cual la tierra se concentró de tal manera que 1% de las familias poseedoras acaparaban,

---

[4] Paz Solórzano, Octavio, "Zapata", en *Tres revolucionarios, tres testimonios. Biografía de Zapata*, pág. 29.

[5] *Antología de la crónica en México*, Ed. Era, México, 1989, pág. 43.

aproximadamente, 85% del terreno de aprovechamiento para la agricultura.[6]

CÓMO ERA ZAPATA

"Era bastante franco, sencillo y accesible, dueño de un gran temple y de carácter enérgico".[7] Quienes conocieron a Zapata lo describen como "una buena persona, amable y sincera, un hombre delgado, de ojo grande";[8] "ojos dulces, moreno aceitunado y vestido de charro";[9] "buen hombre, muy decente, fornido y alto".[10]

"Muy amable, muy gente, muy respetuoso, le hablaba a usted con sinceridad; con los que no tenía confianza se ponía más bien renuente, pero con los muchachos [...] se ponía hasta a reírse y a jugar".[11] "No era orgulloso, era de corazón tierno y a sus tropas las trataba no como soldados, sino como un hijo, como un hermano".[12]

"Ese hombre por las buenas se quitaba sus trapos y se los daba a usté, se quitaba la tortilla de la boca para dársela aunque sea a uno de sus soldados. A sus soldados les traía ropa y se la pasaba viendo por su gente".[13] "Las guerras las hacía ordenadas, él se metía muy valiente".[14]

"Era muy mal hablado y decía picardías".[15] Y luchaba por los demás, decía: "Yo sigo peleando, yo quiero las tierras, porque ese compromiso lo tengo con los pobres, que tanto sufren".[16]

---

[6] Jürgen Harrier, Hans, "Raíces económicas de la Revolución Méxicana" en *Estadísticas sociales del porfiriato 1877-1910*, México, 1956, pág. 16.

[7] Millon, Robert, *op. cit.*, pág. 10.

[8] Meyer, Eugenia, "Entrevista con Víctor Velázquez", en *Tres testimonios*, tomo II, México, EOSA, pág. 188.

[9] *Id.*, "Entrevista con Luis Vargas Rea", *op. cit.*, pág. 186.

[10] Arroyo, Alexis, "Entrevista con Federico González Jiménez", *op. cit.*, pág. 188.

[11] Espejel, Laura, "Entrevista con Ramón Caballero", *op. cit.*, pág. 190.

[12] Beimer, Rosalind, "Entrevista con Víctor González", *op. cit.*, pág. 190.

[13] *Id.*, "Entrevista con Emiliano Bustos", *op. cit.*, pág. 190.

[14] *Ibid.*, pág. 193.

[15] Meyer, Eugenia, "Entrevista con Manual Sosa Pavón, *op. cit.*, pág. 193.

[16] *Id.*, "Entrevista con Jesús Chávez, *op. cit.*, pág. 188.

También se dice que Emiliano era muy enamorado, buen jinete y torero, y en sus ratos de descanso le gustaba tomar y jugar a las cartas con sus compañeros.

Emiliano Zapata, por su herencia familiar, el ambiente en el que se desarrolló, los rasgos de su carácter y la situación política y social que le tocó vivir, fue un hombre bien dotado para encabezar una de las luchas históricas más importantes que ha dado el pueblo de México.

II

El comienzo de la lucha

En la región en la que creció Zapata siempre se combatió por las causas nacionales, basta solamente mencionar la heroica resistencia popular en el sitio de Cuautla, que le ganó al estado el honor de llamarse como uno de los más grandes heroes de la patria: Morelos.

Los abuelos y tíos de Zapata, sus maestros que participaron en las luchas históricas de la República Mexicana, le transmitieron una conciencia de los problemas de la tierra y el amor a México. No es casual que en esa región y de esa familia surgiera una figura como la de Emiliano Zapata, que adquirió, con el tiempo, una dimensión nacional e internacional.

Desde su juventud, Emiliano se fue haciendo consciente de las injusticias sociales, y también del autoritarismo político que necesariamente sirve como base a esa inequidad. Desde 1885 hasta 1908 el estado de Morelos sólo tuvo dos gobernadores: el general Jesús H. Preciado, que Porfirio Díaz designó en 1885 y se reeligió continuamente hasta que murió a fines de 1894, dedicándose todos estos años a incrementar las haciendas, y el hacendado Manuel Alarcón, gobernador desde 1895, que también se reeligió repetidamente hasta que falleció, en 1908.

Éstos fueron años dorados para los terratenientes. Las haciendas de Cuahuixtla, Hospital, Santa Bárbara Calderón, Estancia de San José de Palos, Santa Inés, Guadalupe, Casasano y Zacatepec crecieron sin cesar. Conforme se apoderaban de las tierras, los dueños le dificultaban la vida a los campesinos, quienes no tenían a dónde llevar a pastar las cabezas de ganado que con trabajos mantenían.

Los terratenientes causaban continuos conflictos. El dueño de la hacienda Hospital, por ejemplo, ordenó que se matara a cuanto animal se metiera a las tierras que había usurpado a los pueblos. Cuando los de Anenecuilco fueron a reclamar

> los guardatierras, capataces y soldados rurales que resguardaban la finca los recibieron a balazos; entonces no fueron bestias, sino hombres, los que cazaron. Las autoridades, siempre ciegas ante tales abusos, intervinieron esta vez: para distraer la atención del delito cometido. Se ofreció a los pueblerinos hacer un arreglo entre ellos y el hacendado.[17]

Para resolver el conflicto, el propietario simplemente propuso, ¡comprar todos los animales! Así pretendía despojar a los campesinos de sus cabezas de ganado. Como no cayeron en la trampa, las autoridades dieron una orden que le daba facultades al hacendado para secuestrar el ganado y mantenerlo en su hacienda, sin comer ni beber, hasta que el campesino pagase el rescate, que llegaba hasta a cinco pesos por cabeza, cuando el pago a los jornaleros era de 25 centavos diarios.

Zapata intervenía en los asuntos entre las comunidades y las haciendas, y no sólo apoyó las demandas de Anenecuilco. Cuando en 1902 la hacienda de Atlihuayán, propiedad del poderoso coronel Pablo Escandón, además de invadir las tierras se apoderó de la toma de agua con la que contaba el pueblo para abrevadero de su ganado y la mandó cercar —lo ocasionó la protesta de los afectados y la represión de campesinos por parte de los rurales—, Zapata los apoyó.

Los vecinos de Yautepec mandaron una comisión a la capital para hablar con Porfirio Díaz —Emiliano Zapata formó parte de ella—. El abogado de la comisión, don Francisco Serralde, escribió al dictador: "Si la Suprema Corte no hace justicia a estos hombres, tenga usted la seguridad, señor, de que PRONTO HABRÁ UNA REVOLUCIÓN en el país, ya que casos como éstos se están registrando a diario en la República."[18]

Porfirio Díaz recibió a la comisión, que encabezaba Jovito Serrano, con gran amabilidad, escuchó a todos sus integrantes con mucha atención y les prometió que se haría justicia. ¿Y qué sucedió? A pesar

---

[17] Soto Inclán, Jesús, *op. cit.*, pág. 438.
[18] *Ibid.*, pág. 446.

de que el licenciado Serralde ganó varios amparos, la hacienda retuvo los terrenos y el ganado de los vecinos de Yautepec y persiguió a los quejosos. El líder, Jovito Serrano, fue desterrado a Quintana Roo, donde murió. La vía legal no sirvió para nada, pudieron más las influencias de Pablo Escandón.

También en 1904 los vecinos de Anenecuilco se organizaron para rescatar sus tierras. Contaban con documentos muy antiguos que acreditaban la propiedad, y se hicieron asesorar por el abogado Francisco Serralde. Se les comenzó a usurpar la tierra desde la época de la Colonia, y durante siglos las haciendas se habían engrandecido a costa de los predios comunales. Nunca habían podido lograr que se les reconociese la propiedad de toda la superficie que les habían robado, pero tenían documentos de cien años de antigüedad que les reconocían derecho a las 600 varas del fundo legal. Y cuantas veces les negaban estos derechos, apelaban una y otra vez a la justicia, realizando interminables trámites.

Las gestiones de los pobladores de Anenecuilco se alargaron varios años. Para 1907 nada se había resuelto. La situación de los pueblos se agudizaba, todo lo acaparaban los terratenientes; en Cuautla no tenían un lugar en el cual vaciar su basura, en Yautepec les faltaba terreno hasta para ampliar su cementerio.

Ese año el dictador Díaz pasó por Anenecuilco, en el mes de febrero, rumbo a la hacienda de Tenextepango, propiedad de su yerno Nachito de la Torre. Díaz había pasado por Anenecuilco en 1872, en una situación muy difícil y grave, y entonces José Zapata le dio refugio. A cambio, Díaz prometió gestionar la devolución de las tierras.

Treinta y cinco años después, los de Anenecuilco acudieron a él nuevamente para plantearle sus viejos y graves problemas. Díaz no los recibió, pero mandó decirles con un secretario que "continuaran sus gestiones legales, y esperaran a que él hiciera las recomendaciones prudentes al señor gobernador y a los dignos hacendados. Una promesa más"[19] que, por supuesto, nunca cumplió.

Al morir el gobernador Alarcón en 1908, los hacendados y Porfirio Díaz imponen al aristocrático terrateniente Pablo Escandón, dueño de la hacienda de Atlihuayán, cercana a Yautepec, que perte-

---

[19] *Ibid.*, pág. 453.

necía a una de las familias más ricas y de abolengo de Morelos y cuyos únicos "méritos", además de su elegancia, era haberse educado en Inglaterra y pertenecer a la corte de Porfirio Díaz, participando en su Estado Mayor.

A pesar de que Escandón fue diputado y senador suplente, nunca se había vinculado profundamente a la vida del estado, ni tenía interés en sus problemas, por lo que, con muchos reparos, aceptó la candidatura. Él era el mejor para los hacendados azucareros, pues sabían que podían manipularlo a su antojo.

Sin embargo, imponer a Pablo Escandón no fue fácil. La oposición creció, alentada por la entrevista que en 1908 Porfirio Díaz le concedió al periodista norteamericano James Creelman, de la revista *Pearson's Magazine*, donde declaró que se "retiraría definitivamente cuando terminase su periodo en 1910 y que no volvería a gobernar otra vez", aunque sus "amigos" se lo rogasen. Consideró que era "una bendición" que se formara un partido de oposición, y "prometió que si llega a hacerse fuerte, no para explotar sino para gobernar", "lo sostendré y aconsejaré y me olvidaré de mí mismo en la victoriosa inauguración de un gobierno completamente democrático en el país".[20]

Ésta era otra de las maniobras astutas de Díaz para permanecer en el poder, como lo demostró al reelegirse una vez más en 1910. Pero la oposición en Morelos tomó en serio sus palabras, y a la postulación de Pablo Escandón respondió con la candidatura de Patricio Leyva, hijo del general Francisco Leyva, combatiente contra la invasión francesa y primer gobernador del estado, y que siempre se había contrapuesto a Díaz. La campaña de Leyva creció y se hizo cada vez más popular; por todo el estado se formaron clubes de apoyo a Leyva. En Villa de Ayala surgió el Club Melchor Ocampo, en el que participaba Emiliano Zapata.

Para que ganara Escandón fue necesaria una campaña sucia que incluyó el arresto de leyvistas el día de las elecciones, y aunque algunos escaparon, como Genovevo de la O, de Santa María, la policía detuvo a sus familiares como rehenes.[21]

[20] Creelman, James, "President Diaz, Hero of the America's", en John Womack, *Zapata y la Revolución Mexicana*, SEP, pág. 8.

[21] Womack, John, "Entrevista personal con Daniel de la O, 31 de diciembre de 1949", en *Zapata y la Revolución Mexicana*, SEP, pág. 34.

Además manipularon las boletas, controlaron las comisiones electorales locales, la policía y los soldados impidieron votar a personas sospechosas de leyvistas. La forma en que llegó al poder Escandón agravió profundamente a la población de Morelos. Uno de los mayores centros de oposición al hacendado azucarero se desarrolló en Cuautla, por lo que él, orgulloso y provocador, sentenció: "He de tener la satisfacción de sembrar caña de azúcar en las mismas calles de Cuautla".[22]

ZAPATA, PRESIDENTE DE LA JUNTA DE DEFENSA DE ANENECUILCO

El 12 de septiembre de 1909 se reunió el pueblo de Anenecuilco para elegir al presidente de la Junta de Defensa, quien se haría cargo de sus asuntos.

Los ancianos, que durante muchos años habían luchado por la devolución de las tierras, estaban agotados y cargados de años; la situación exigía que jóvenes enérgicos siguieran adelante en la lucha ancestral. Emiliano Zapata fue electo, su familia era reconocida por su patriotismo y él se había ganado la confianza de la gente gracias a su responsabilidad y sus ganas de participar en los asuntos de la comunidad. Los representantes José Merino y Andrés Montes le entregaron el cargo a Emiliano, que recibió de los ancianos del pueblo los papeles, muchos escritos en náhuatl, en los que se plasmaba la historia del pueblo de Anenecuilco y su derecho a la tierra. Por la experiencia de tantos años de trámites inútiles, Zapata ya no creía en que serían las gestiones ante el gobierno las que les devolverían la tierra, hacía falta que el pueblo desarrollara otras formas de lucha.

En aquellos años, Emiliano Zapata hizo amistad con el maestro Pablo Torres Burgos que, además de otros menesteres, se dedicaba al comercio de libros. Tenía una pequeña biblioteca y estaba suscrito a los periódicos de oposición *El Diario del Hogar y Regeneración*. Torres Burgos, quien era un hombre muy honrado, y asesoraba y aconsejaba a los campesinos en sus problemas, tenía contacto con los principales

---

[22] Paz, Octavio, *op. cit.*, pág. 43.

25

centros opositores que estaban preparando las condiciones para la revolución.

El coronel Pablo Escandón comenzó a vengarse de la oposición y persiguió sin tregua a los leyvistas. En abril de 1909 el jefe político de Cuernavaca hizo detener al principal leyvista del estado, Antonio Sedano, "por no haber regado la calle" en la parte que correspondía a su tienda,[23] y también fueron aprehendidos los dirigentes leyvistas de Villa de Ayala, Pablo Torres Burgos y Octaviano Gutiérrez. Para evitar la cárcel, Zapata se escapó rumbo a Puebla, donde estuvo los primeros meses del año antes de que fuese electo para defender los intereses de la comunidad. Es claro que ya para fines de 1909 la situación estaba al rojo vivo.

Debido a esto, la asamblea que eligió a Zapata como presidente de la Junta de Defensa se realizó en medio del mayor sigilo, sin hacer tocar las campanas como era la costumbre, de modo que no se dieran cuenta los de la hacienda. La comunidad de Anenecuilco había sido siglos atrás un *calpulli* que nombraba democráticamente a un *calpuleque*, encargado de "vigilar, guiar, defender, prevenir, remediar, conservar y en fin, administrar las tierras, luchar siempre por su conservación y disfrute por la comunidad".[24] Jesús Sotelo Inclán sostiene, con fundada razón, que el cargo para el que fue electo Zapata era el equivalente al de *calpuleque*.

En enero de 1910, Zapata es encarcelado e incomunicado por tres días y luego lo enrolan en el ejército. Enrique Krauze da la versión de las autoridades, que lo acusan de "vagar en estado de ebriedad", y la de su hermana María de Jesús, de que se le había aprehendido para forzarlo a dar su "cuota de sangre y humillación al servicio de las armas".[25]

Pero la versión de Jesús Sotelo Inclán es la más lógica: "La vigilancia de las autoridades no perdió de vista a Emiliano en los últimos meses de 1909 y en los primeros de 1910; ni varió la idea de quitarlo de en medio, pues no se le podía perdonar su oposición al gobernador Escandón, a los hacendados del Hospital y al jefe (político) Dabbadie".[26] Esta versión es respaldada por el tataranieto de Porfi-

[23] Sotelo Inclán, Jesús, *op. cit.*, pág. 492.
[24] *Op. cit.*, pág. 500.
[25] Krauze, Enrique, "Emiliano Zapata", en *Biografía del Poder*, núm. 3, pág. 47.
[26] *Op. cit.*, pág. 513.

rio Díaz, Carlos Tello Díaz, quien refiere que la "perseverancia de la lucha de Zapata, en contacto con Jesús Flores Magón, hizo que las autoridades del estado lo reclutaran en uno de los regimientos de caballería de Cuernavaca".[27] Es cierto que Emiliano ya era considerado entonces como un elemento peligroso al que había que suprimir, más cuando su pueblo lo había nombrado jefe de defensa de tierras de Anenecuilco.

Por tal motivo, a Zapata se lo llevó la leva y se le mantuvo acuartelado, que era tanto como tenerlo encarcelado. Así podían vigilarlo y controlarlo. Curiosamente, Ignacio de la Torre, yerno de Díaz, a quien, como ya vimos, conocía desde hace años, intercedió por él y quedó libre en marzo.

El nieto de Díaz refiere: "Nacho, en calidad de diputado, intercedió por él con ayuda de su suegro para que pudiera salir de las filas del ejército. No le fue fácil convencer a Díaz. En la casa de Cadena, mientras tomaba el café, le planteó su petición con respecto a Zapata." "—Nacho —le dijo don Porfirio—, ese hombre le va a dar a usted muchos dolores de cabeza".[28]

De la Torre admiraba la habilidad de Zapata como caballista, y probablemente lo quería tener al servicio de su estupenda cuadra de caballos finos en lugar de en el ejército, por eso lo ayudó, a condición de que se fuera a trabajar en sus establos a la capital. Era ésa una buena forma de anularlo. En estas condiciones es como Zapata llegó a trabajar como caballerango del yerno de Porfirio Díaz. Quizá De la Torre estaba seguro de deslumbrar a Zapata con los lujos de la capital y el puesto de jefe de su establo, pero no lo logró, y Zapata regresó a su pobre pueblo, al lado de los miserables campesinos que habían puesto en él la esperanza y la responsabilidad de recuperar sus tierras.

Luego de conocer la mansión capitalina de ese rico terrateniente, quedó sorprendido de los lujos que rodeaban a la oligarquía. En sus enormes palacios, con grandes baños de mármol, hasta los caballos eran tratados a cuerpo de rey. Al regresar a Anenecuilco, Zapata refería con coraje que los porfiristas trataban mucho mejor a los animales que a los campesinos, "comentaba amargamente que en la capital los

---

[27] Tello, Carlos, *Exilio, un retrato de familia*, pág. 97.
[28] *Ibid.*, pág. 132.

caballos vivían en establos que podrían avergonzar la casa de cualquier trabajador de todo el estado de Morelos".[29]

Emiliano pudo conocer así el enorme contraste existente en México, entre los hacendados inmensamente ricos y los miserables campesinos, oprimidos, despojados, que vivían con jornales de 25 centavos diarios y eran cruelmente castigados con azotes, enterrándolos hasta el cuello y dejándolos un par de días al rayo del sol, o se los llevaba la leva contra su voluntad para integrar el ejército federal que iba a hacerle la guerra a los indígenas mayos, yaquis y mayas para despojarlos de sus fértiles tierras.

Su espíritu se revelaba, recordaba las pláticas de sus tíos y maestros, que le referían cómo el pueblo organizado había podido, durante la Reforma y la Intervención, derrotar poderosos ejércitos levantados por la reacción conservadora, y a tropas de un imperio triunfante, como el francés, perfectamente armadas y entrenadas.

La gran inconformidad era generalizada: entre los campesinos explotados en las haciendas como peones acasillados, sujetos a las tiendas de raya; las comunidades indígenas de todo el país despojadas de sus tierras comunales; los rancheros víctimas de los grandes terratenientes a quienes se les daban todas las concesiones; los empresarios nacionales marginados por los capitales extranjeros; los intelectuales revolucionarios que eran perseguidos por sus ideas. Es decir, un enorme sector de la sociedad mexicana estaba en contra de la oligarquía porfirista vendida al extranjero.

SE GESTA LA REVOLUCIÓN

Gran influencia tuvo a nivel nacional para preparar los ánimos y la acción del pueblo, el Programa del Partido Liberal Mexicano de 1906 y la actividad de Ricardo Flores Magón y su periódico *Regeneración*.

En el aspecto obrero, el Programa proponía establecer la jornada de trabajo de ocho horas y elevar el nivel de vida de las clases trabajadoras. Garantizar el tiempo máximo de trabajo y el salario mínimo. Evitar el

[29] Barba González, Silvano, *La lucha por la tierra. Emiliano Zapata*, México, 1960, en Jesús Sotelo Inclán, *op. cit.*, pág. 163.

trabajo a personas menores de 14 años. Obligar a los patrones a crear condiciones higiénicas de vida para los trabajadores y a resguardarles de los peligros. Establecer indemnizaciones por accidentes de trabajo. Evitar que los patrones pagaran en otra forma que no fuera con dinero en efectivo, suprimir las tiendas de raya. Prohibir las multas a los trabajadores, así como los descuentos a su jornal o bien que le fuera retardado el pago inmediato de lo devengado. Obligar a las empresas a utilizar una mayoría de mexicanos como empleados y a no diferenciar en el pago de sueldo a los extranjeros de los nacionales.[30]

La dictadura de Porfirio Díaz no sólo había propiciado el despojo de los campesinos y reprimido a sus líderes, también había golpeado sistemáticamente cualquier intento de organización de los trabajadores, aun bajo la forma de cooperativas, organizaciones de ayuda mutua o de carácter cultural. El derecho de huelga y asociación no existía en aquella época. A juicio del liberalismo, que era la ideología oficial, estos recursos impedían la libertad de trabajo y el libre desarrollo de la empresa. Sin embargo, los obreros siempre fueron buscando nuevas formas de organización, de presión y de acción.

A pesar de todos los obstáculos y prohibiciones, durante el porfiriato se organizaron no menos de 250 huelgas, la mitad de ellas en el Distrito Federal. Durante este periodo tuvo un fuerte desarrollo la industria en México, y la clase obrera hacía su aparición en la historia y comenzaba a jugar un papel. "Según el censo de 1910, de los cinco millones de trabajadores que constituían la población económicamente activa, 804,964 estaban ocupados en la manufactura".[31]

Para 1907, la situación de la clase obrera se había deteriorado mucho: el salario real no dejó de caer durante todo el periodo dictatorial, se calcula que en 30 años disminuyó 30%. Con la crisis de 1900 y 1907 aumentaron el desempleo y la carestía de los artículos básicos. La irritación entre el proletariado era muy grande, y se agudizaba no sólo a causa del deterioro del nivel de vida de los obreros, sino también por la discriminación que sufrían con respecto a los extranjeros, quienes invariablemente recibían mayores sueldos y mejores puestos.

---

[30] Mancisidor, José, *Historia de la Revolución Mexicana*, pág. 55.
[31] Tuñón, Esperanza, *Huerta y el movimiento obrero*, pág. 78.

Este dominio de los extranjeros también se manifestaba en las haciendas, cuyos dueños eran generalmente españoles. Cuando el hacendado Pablo Escandón hacía campaña en Morelos, la oposición en Cuautla —los campesinos inconformes, entre los que se encontraba Zapata—, lo recibieron gritándole "¡Mueran los españoles!", que para ellos era como decir "¡Mueran los hacendados!"

En esas condiciones, las huelgas ferrocarrileras, la de Cananea y la de Río Blanco, y la forma tan brutal como fueron reprimidas, pusieron en marcha el mecanismo que llevaría al estallamiento de la revolución. En Cananea los huelguistas fueron masacrados por *rangers* yanquis que el gobernador Gustavo Izabal trajo personalmente, después de pedir ayuda a los Estados Unidos, país de origen de Green, el dueño de la mina.

En Río Blanco, los obreros textiles, que todavía guardaban ilusiones de que el gobierno los apoyara, acudieron a la mediación de Porfirio Díaz, pero recibieron un laudo desfavorable y fueron conminados a volver al trabajo. Sin embargo, a pesar de la amenaza de ser declarados fuera de la ley, continuaron su movimiento. El 7 de enero fueron provocados por los administradores de nacionalidad francesa de la tienda de raya, que se burlaran de ellos gritándoles "piden pan y no les dan". Después de una escaramuza en que hubo armas de fuego, los trabajadores asaltaron la tienda y la incendiaron, ante lo cual, por órdenes de Díaz, los rurales masacraron salvajemente no sólo a los trabajadores, sino también familiares.

Estos hechos sirvieron para dejar muy claro ante los ojos de todo el pueblo, que del gobierno de Díaz no podía esperarse más que represión y muerte, y que sólo servía a los patrones y, principalmente, a los extranjeros. Las huelgas no estallaron espontáneamente; a su desarrollo ayudaban las organizaciones obreras de aquella época, como el Gran Círculo de Obreros Libres creado en 1906 y la Gran Liga de Trabajadores Ferrocarrileros en 1908. Fue ésta la chispa que provocó la revolución, la lucha de clases. Las masas trabajadoras, decididas a luchar por sus reivindicaciones, descubren que del poder oligárquico no pueden obtener más que represión.

En 1910, después del fraude electoral, estalla la revolución, que se extiende rápidamente. Los obreros participan en todos los frentes. La organización obrera y las nuevas ideas que surgían le llegaron a Emiliano Zapata Salazar, quien conocía el periódico *Regeneración* de

Ricardo Flores Magón y de su hermano Jesús, a quien trató personalmente.

La situación de los de Anenecuilco era ya desesperada, pues los de la hacienda de Hospital ya no querían ni arrendarles la tierra. Pedían tierra por las vías legales y eran ignorados. Entonces Zapata tomó una resolución. La única salida era tomar la tierra, recuperar lo suyo en contra de todo y de todos. Los de Anenecuilco se hacen justicia por su propia mano, por su derecho, y Emiliano Zapata comienza a repartir la tierra, antes de que fuese firmado el Plan de San Luis. Así nace la primera chispa de la revolución agraria en México.

A finales de 1910, cuando ya había estallado la revolución maderista planeada para iniciarse el 20 de noviembre, Zapata repartió a los pueblos de Anenecuilco, Villa de Ayala y Moyotepec las tierras que reconocían como suyas, destruyendo las mojoneras que las haciendas habían puesto. El nuevo jefe político, según relata Sotelo Inclán, encaró en una ocasión a Zapata. Le dijo:

—Me avisaron que te habías levantado en armas.

—No, sólo andamos repartiendo estas tierras.

—Está bueno. En caso de que lleguen por aquí los maderistas, ¿puedo contar con tu gente?

—Ya lo creo, estamos pa'servirle.

—Entonces sigue repartiendo.[32]

Para festejar el reparto de tierras celebraron una novillada en Moyotepec, en la que por cierto, Zapata recibió una cornada en el muslo.

Como Zapata estaba estrechamente vigilado, se cuidó mucho de frecuentar abiertamente a Pablo Torres Burgos. Sin embargo, había recibido un periódico que daba a conocer el Plan de San Luis de Francisco I. Madero, publicado el 5 de octubre, el cual desconocía la nueva reelección de Díaz y llamaba a la revolución para derrocar a la dictadura. En éste se prometía que a los "pequeños propietarios" poseedores de terrenos que habían sido injustamente despojados por las haciendas, se les restituiría su propiedad. Esto movió a Zapata a participar activamente en el levantamiento armado que promovía el maderismo.

---

[32] Sotelo Inclán, Jesús, *op. cit.*, pág. 539.

En secreto, en una reunión de gente de confianza, decidieron enviar a Pablo Torres Burgos a San Antonio, Texas, a ponerse a las órdenes de Madero y de la Junta Revolucionaria que operaba allá. Madero, quien era el candidato de los antirreeleccionistas, huyó a los Estados Unidos para evitar ser arrastrado por el régimen porfirista. Torres Burgos le comunicó a sus compañeros morelenses que estaba convencido de los propósitos agraristas de Madero y de la sinceridad de éste. En principio, se planteó que sería Patricio Leyva, ex candidato a gobernador, quien tenía amplio apoyo popular, el que encabezaría la revolución en Morelos. Pero éste, pretextando enfermedad, se hizo a un lado, lo mismo que el jefe leyvista Sedano. "Si Leyva no aceptaba, el propio Torres Burgos tendría que encabezar el movimiento".[33]

Dispuesto ya a lanzarse a la revolución, Zapata escondió los documentos del pueblo y se los encargó a José Robles.

De manera independiente, el 7 de febrero de 1911, Gabriel Tepepa, viejo veterano de la Guerra de Intervención, se rebeló en Tlaquiltenango, y luego con un grupo de jóvenes seguidores tomó Tepoztlán.

En febrero, Madero había cruzado la frontera para encabezar al ejército revolucionario surgido en Chihuahua, donde la revolución prendió con más fuerza, gracias al empuje de Francisco Villa; para abril ya la lucha se desataba en Coahuila encabezada por Lázaro Gutiérrez de Lara, en Veracruz con Cándido Aguilar al frente, y en diversos puntos de casi todo México.

El responsable de la revolución en la zona sur era el maderista Alfredo Robles Domínguez, quien prefirió situar el centro revolucionario de la zona en el estado de Guerrero, donde tenían mucha fuerza los hermanos Figueroa, pero en Morelos no había un jefe visible. Sin embargo, esa dirigencia se iba a desarrollar en el curso mismo de la lucha.

El 11 de marzo en Villa de Ayala, Morelos, se levantaron en armas Emiliano Zapata, Pablo Torres Burgos y Rafael Merino, desarmaron a la policía local y convocaron a una asamblea general en la plaza,[34] donde leyeron el Plan de San Luis y gritaron "¡Muera el mal gobier-

---

[33] *Ibid.*, pág. 539.
[34] *Ibid.*, pág. 74

no! ¡Viva la revolución!" Ahí se les unió Otilio Montaño, que venía de Yautepec. Su objetivo era tomar Cuautla. Aunque el dirigente más letrado era Torres Burgos, el jefe real del movimiento era Zapata. Su grupo empezó a engrosarse con numerosos voluntarios. A los pocos días se les unió Tepepa.

Torres Burgos decidió atacar Jojutla, junto con las tropas de Tepepa, las que una vez en la población se negaron a obedecer las órdenes de Torres Burgos, que prohibían el saqueo, lo que ocasionó que éste renunciara y se regresara a pie a Villa de Ayala acompañado sólo por sus hijos. En el camino fueron sorprendidos y muertos por una patrulla federal.

Emiliano Zapata quedó provisionalmente al mando del ejército que surgía en Morelos, pues era el jefe más querido y respetado por las tropas. Zapata no se convirtió "de súbito " en jefe de la revolución, sino que gracias a su lucha de años y a su temple, se ganó ese lugar.

Los Leyva se desprestigiaron por completo cuando el padre de Patricio, el general Francisco Leyva, aceptó el cargo de jefe militar del estado. Luego trató de negociar con los rebeldes el nombramiento de un nuevo gobernador, pero reforzó la posición de Zapata al escogerlo como interlocutor, considerándolo como el jefe maderista en Morelos, quería "concertar" con él. Se entrevistó en Jonacatepec con Emiliano y Eufemio Zapata, Gabriel Tepepa y Manuel Asúnsulo, que representaba a los rebeldes de Guerrero. Pero no obtuvo ninguna concesión de los revolucionarios.

A las pocas semanas, el 25 de mayo, Tepepa murió a traición, fusilado por Federico Morales, de las tropas de Ambrosio Figueroa, quien se decía jefe de la revolución del sur y estaba enemistado con Zapata. Morales luego de que hipócritamente le había ofrecido su amistad a Gabriel Tepepa, lo hizo prisionero cuando estaba descuidado en una tienda y lo fusiló en la cárcel de Jojutla.

Zapata llegó a Axochiapan, donde todos eran partidarios de la revolución y fueron recibidos con cohetes y repiques de campanas. El cura del lugar, hombre progresista y revolucionario, le regaló a Emiliano un hermoso caballo retinto.

La tropa se iba engrosando con peones que huían de las haciendas dispuestos a luchar por la tierra y pertrechándose con armas que quitaban al enemigo. Los campesinos, en especial los jornaleros, ya estaban cansados de trabajar de sol a sol, bajo el látigo del capataz, en

las tierras que habían sido de sus antepasados y que ahora pertenecían a los hacendados, la mayoría españoles, que les pagaban salarios
miserables y los mantenían esclavizados por las deudas. Estaban cansados de autoridades que servían al rico y reprimían toda muestra de
descontento y cualquier afán de justicia.

III

El Ejército Revolucionario del Sur

Al estallar la revolución, el grupo de Villa de Ayala que encabezaba Zapata se empezó a distinguir por lo que distintos jefes revolucionarios, del más diverso origen, se iban uniendo a ellos: rancheros como Francisco Mendoza, obreros como Francisco Ayaquita, religiosos como el predicador José Trinidad Ruiz, otros de diversos oficios como el fogonero Felipe Neri o Jesús Morales que era cartero. Cada uno traía detrás a un grupo más o menos grande de seguidores. Uno de los revolucionarios que se unió a Zapata fue Otilio Montaño. Otro, Genovevo de la O, que era un carbonero se unió a los zapatistas cuando los federales incediaron Santa María, donde murieron una hija y una hermana suya. La represión alimentaba la revolución.

El 7 de abril, el ejército zapatista ocupó las ciudades de Chietla e Izúcar de Matamoros, pueblo que los federales habían evacuado al acercarse los maderistas. Los estallidos habían proliferado por todo Morelos. Neri se había levantado en Ahuatepec, Ignacio Maya en Yautepec, Bonifacio García en Tlaltizapán, Mariano Sánchez y Amador Salazar por Jonacatepec, Orozco en Jiutepec, Quintín González en Tepoztlán, Félix Franco en Tetecala.[35]

El primer combate propiamente dicho contra el ejército porfirista lo libró Zapata cuando se dirigían a Jonacatepec, entre Amayuca y Jantetelco. Y el 29 de abril tuvo lugar el primer asalto a un tren, cerca de Cuernavaca, lo que ocasionó gran alarma en la capital de Morelos.

[35] Paz, Octavio, *op. cit.*, pág. 49.

Mientras tanto, los hermanos Francisco y Ambrosio Figueroa se habían convertido en los hombres fuertes de todo el sur.[36] Ambrosio era un rico agricultor, que como administrador de un molino de arroz había convivido con los comerciantes y administradores de haciendas de la región y se identificaba con sus intereses. Los acontecimientos, la falta de una dirección central por parte de los líderes revolucionarios, la ambición, la falta de compromiso con la causa revolucionaria y el oportunismo de los Figueroa, harían que se agudizaran los conflictos entre los revolucionarios de Guerrero y los de Morelos, y que esta división fuese eventualmente aprovechada por la reacción. Aun así, el 22 de abril en Jolalpan, Ambrosio Figueroa reconoció a Zapata como dirigente independiente en Morelos, luego se fue a hacer política en la capital.

Pero ese reconocimiento debía consolidarse con el avance de su movimiento. El primero de mayo, Lucio Moreno tomó Yautepec por cuatro días. Zapata derrotó a los federales y ocupó Jonacatepec el primero de abril. Luego se lanzó sobre Chiautla, invitando a Figueroa a unirse al ataque, pero éste con pretextos se negó, mientras que los pueblos de los alrededores sí respondieron a su llamado engrosando sus filas con cientos de hombres con caballos y armas. Chiautla fue sitiada y al quinto día cayó.

El día que lograron la victoria era un sábado de gloria. Desde entonces, antes de atacar al enemigo, Zapata les decía a sus soldados "¡Vamos a darles su gloria!" Durante el sitio falleció el jefe político, que por cierto fue la primera autoridad que pagó con su vida su oposición al movimiento. De ahí se dirigieron a tomar la importante ciudad de Izúcar de Matamoros, Puebla.

Por su parte, Ambrosio Figueroa entró en tratos con los porfiristas y estaba en la capital esperando hablar con el dictador Díaz. Mientras tanto, el primero de mayo se firmó un armisticio en Tlaquiltenango que obligaba a los revolucionarios a no atacar a los federales, y viceversa.

Figueroa, que se autodenominaba "jefe de la revolución del sur", se dirigió a todos los jefes revolucionarios ordenándoles que cesaran la guerra contra los federales. Zapata, al recibir al correo, contestó de

[36] *El País*, 18 de abril de 1911.

inmediato que no reconocía a Figueroa como jefe y que, lejos de hacer la paz, debían redoblar los combates para atraer fuerzas federales y así ayudar a los revolucionarios del norte. Así pues, Zapata tenía una visión nacional de la lucha.

Le indicaba que realizar una paz aislada equivalía prácticamente a traicionar, y que a los jefes de la revolución que, en todo caso, les correspondía negociar un armisticio, eran Francisco I. Madero y la junta de San Antonio, Texas. Lo mismo le contestaron a Figueroa los demás jefes revolucionarios, rechazando el Pacto de Tlaquiltenango. Zapata, lejos de detenerse, continuó sus combates y tomó Izúcar de Matamoros el día 10 de mayo de 1911. Luego hizo incursiones por Metepec y Atlixco, Puebla.

Zapata se acercaba a Cuautla, acampó en Yecapixtla, muy cerca de ahí, y para el 13 de mayo la zona ya estaba sitiada. Empezó una feroz batalla, que en momentos era cuerpo a cuerpo y donde ambas fuerzas tuvieron fuertes pérdidas. Luego de un difícil y sangriento encuentro que duró seis días, la ciudad semidestruida por los intensos combates fue tomada el 19 de mayo de 1911, tras de que los federales rompieron el sitio por la noche y salieron huyendo rumbo a Cuernavaca.

En 1812, cien años antes, José María Morelos cubría de gloria a los insurgentes y al pueblo de México, al resistir setenta y dos días en Cuautla. Zapata, emulando esta gesta heroica, ganaba la batalla y le daba un jaque mate al dictador, quien renunciaría seis días más tarde, viéndose derrotado con el triunfo de los revolucionarios bajo la dirección de Francisco Villa en el norte y de Emiliano Zapata en el sur.

Una vez que tomó Cuautla, Emiliano mandó a todos los pueblos el llamado a que recuperaran las tierras que les habían quitado las haciendas. Miles de campesinos mal armados comenzaron a invadir las tierras que reclamaban.

Las victorias de los zapatistas y la posibilidad de que los revolucionarios del sur atacaran a la capital, cuya defensa casi era nula, tuvieron gran influencia en el ánimo del general Díaz y precipitaron su decisión de renunciar a la presidencia.[37] Reafirmó esa decisión después que Francisco Villa tomó Ciudad Juárez y Zapata, Cuautla. Díaz,

---

[37] Millon, Robert, *op. cit.*, pág. 11.

comprendiendo definitivamente que estaba perdido, buscó renunciar, pero salvando su obra: el porfirismo.

Entonces negoció con Madero. A cambio de la renuncia se desarmaría el ejército revolucionario y se nombraría un gobierno provisional encabezado por el porfirista León de la Barra. El 21 de mayo se firmó el tratado de Ciudad Juárez que puso fin a la guerra civil; el 25 de mayo Porfirio Díaz renunció y le entregó el poder a Francisco León de la Barra, quien como presidente interino, tenía la misión de convocar a elecciones en el mes de octubre. Porfirio Díaz se fue en el *Ipiranga* al exilio, a su querida Francia, en cuya capital encontraría la muerte.

LUEGO DE LA RENUNCIA DE DÍAZ

Una vez firmada la paz, los hacendados comenzaron a presionar para recuperar sus viejas posiciones. Madero no quería tocar las estructuras económicas y sociales vigentes y había accedido a licenciar a las tropas revolucionarias; "la burocracia de Díaz y las fuerzas federales permanecían intactas y los hacendados seguían dominando despóticamente el campo. Las fuerzas federales no cejaban en su afán y provocaron conflictos sangrientos con elementos revolucionarios en Puebla, León, Tlaxcala, Torreón, Zacatecas y otros lugares".[38]

Para los hacendados resultaba escandaloso que Zapata comenzara a aplicar la fracción tercera del Plan de San Luis, llamando a los campesinos a recuperar sus tierras. Ya desde el 23 de mayo Alfredo Robles Domínguez le había recomendado a Zapata que suspendiese "cualquier ataque" contra las haciendas de Calderón, Hospital y Chinameca, cuando no había ni amenaza de atacarlas. Al día siguiente, le ordenaría respetar a las haciendas, pues cualquier ataque a éstas sería considerado un "acto de guerra, que había que suspender absolutamente". El 26 de mayo, Madero declaró contundente que "no se pueden satisfacer en toda amplitud las aspiraciones contenidas en la cláusula tercera del Plan de San Luis".[39]

[38] *Ibid.*, pág. 11.
[39] Womack, John, *op. cit.*, pág. 88.

Con el tratado de Ciudad Juárez, no sólo se echaba atrás el proyecto agrario, sino que se reconocía a todas las autoridades vigentes. En Morelos se restablecía la legitimidad del gobernador, los diputados, jefes políticos y presidentes municipales[40] a pesar de que hubiesen puesto resistencia a la revolución.

Los hacendados de Morelos buscaban cómo neutralizar a Zapata, y encontraron la solución en una alianza de Francisco Leyva con Ambrosio Figueroa contra los revolucionarios.

Pablo Escandón no siguió como gobernador porque había huido de Morelos con el pretexto de regresar a su querida Inglaterra para asistir a la coronación del rey Jorge V. No había renunciado, pero cuando pidió permiso de ausentarse todo mundo sabía que ya no iba a regresar. Como gobernador se nombró al gerente del Banco de Morelos y amigo de los hacendados, Juan Carreón.

Zapata permanecía en Cuautla y esperaba que al tomar Madero el poder, y conociera a fondo los problemas de los campesinos de Morelos, les daría la razón y cumpliría su palabra de devolverles sus tierras.

Cuando llegó Madero a México en medio de una entusiasta y masiva bienvenida el 7 de junio de 1911, Zapata lo estaba esperando en la estación y lo acompañó en la grandiosa recepción.

El 8 de junio recibió a Zapata. Le pidió que se entendiera con los Figueroa, lo que el caudillo del sur aceptó, aprovechando la oportunidad para plantearle la situación de Morelos y la necesidad de que las tierras les fuesen devueltas a los pueblos.

Había tensión en la atmósfera. Zapata la rompió acercándose a Madero. Señaló la cadena de oro que éste traía en su chaleco y le dijo: Mire, señor Madero, si yo, aprovechándome de que estoy armado le quito su reloj y me lo guardo, y andando el tiempo nos llegamos a encontrar, los dos armados con igual fuerza, ¿tendría derecho a exigirme su devolución? Sin duda —le dijo Madero—, incluso le pediría una indemnización. Pues eso justamente —terminó diciendo Zapata— es lo que ha estado pasando en el estado de Morelos, en donde unos cuantos hacendados se han apoderado por la fuerza de las tierras de los pueblos. Mis soldados me exigen que diga a usted, con todo respeto, que desean se proceda, desde luego, a la restitución de las tierras.[41]

[40] *Ibid.*, pág. 89.
[41] *Ibid.*, pág. 91.

Madero, conmovido ante las palabras de Zapata, y a pesar de que por esos días tenía un sinfín de actividades, aceptó la invitación que le hizo Emiliano de visitar Morelos para el lunes 12 de junio, con el objeto de percatarse personalmente de la situación.

Emiliano regresó a su estado para preparar la visita de Madero. En la capital nunca se sintió cómodo, entre tanto "perfumado", nunca pudo entenderse bien con los "catrines", tan racistas que trataban con desprecio a los campesinos, y en particular a los indígenas. Se indignó ante el trato que le dio la prensa, a la que Madero le había dado todas las libertades y estaba dominada por la oligarquía; lo llamaban "bandido", "indio robavacas", a él, que había luchado por patriotismo y no por necesidad, puesto que siempre se había bastado a sí mismo y trabajado honradamente. Y además planeaba seguir esa vida en el futuro.

Emiliano, quien en esos días estaba enamorado, esperaba que se hiciese justicia, para de inmediato regresar a la vida privada, casarse con su novia Josefa Espejo y disfrutar en paz de una vida tranquila y productiva. "Zapata suspiraba por su antiguo estilo de vida campesino, de caballos, días de mercado, peleas de gallos, labores, elecciones de aldea y ferias locales".[42]

Zapata, que entonces tenía 31 años, había programado casarse con Josefa Espejo a principios de agosto, y pensaba que consumada la revolución y habiéndose hecho justicia a los campesinos despojados de su tierra, podía reconcentrarse en sus actividades normales. Pero la vida lo llevaría por otros caminos para poder lograr el triunfo de la causa que otros habrían de traicionar.

Madero llegó a Morelos el 12 de junio, y de inmediato los hacendados y los comerciantes lo rodearon y le mandaron cartas de protesta contra el jefe revolucionario de Morelos buscando romper la alianza Madero-Zapata. Para festejarlo, el nuevo gobernador Carreón organizó un lujoso banquete en el Jardín Borda, donde los invitados eran todos los miembros de las clases pudientes de Morelos, por lo que Zapata, principal maderista del estado, se negó a asistir.

De ahí Madero se dirigió a Iguala, Guerrero, y se entrevistó largamente con Figueroa. Al regresar a Morelos, visitó Cuautla, donde "in-

---

[42] *Ibid.*, pág. 105.

terpretó los edificios arruinados de Cuautla, testimonio de la terrible batalla de seis días librada un mes antes, como prueba del saqueo y el bandidaje que Zapata había sancionado".[43]

En cuanto al problema de la tierra, Madero seguía respondiendo con evasivas, lo que le importaba antes que nada, era que Zapata entregara las armas y licenciara a sus tropas, que ya rebasaban los 2,500 revolucionarios.

Le ofreció a Emiliano que a cambio lo nombraría jefe de la policía federal de Morelos con 400 hombres. Los demás debían dispersarse o serían reprimidos por él, en caso de que volvieran a las armas. Zapata, que se sentía muy aislado, tuvo que acceder momentáneamente y con muchas reticencias al desarme de sus soldados, que comenzó el 13 de junio en Cuernavaca, en la fábrica La Carolina.

A los soldados, luego de que entregaban sus armas, les daban diez pesos a los que vivían por Cuernavaca y 15 pesos a los que venían de lejos, además les daban cinco pesos más si con el rifle entregaban una pistola. Después de la operación los funcionarios habían recogido 3,500 armas.

Parecía que por fin Zapata doblaba las manos e iba a incorporarse a la política de conciliación de Madero. Pero aún así, los hacendados siguieron intrigando contra él para impedir que asumiera la jefatura de la policía. Formaron comités, hicieron reuniones y hasta realizaron mítines. Madero vacilaba, mientras la agresividad de los banqueros, comerciantes, hacendados y rancheros ricos crecía.

Al ver esto Zapata, quien se consideraba jefe de la policía, le pidió al gobernador Carreón 500 rifles y municiones, y cuando éste se negó a entregárselos, se los llevó de todas maneras.[44]

En la capital la prensa no cesaba de escandalizar contra Zapata: el periódico porfirista *El Imparcial,* que lo único que tenía de imparcial era el nombre, lo llamaba *El Moderno Atila* y lo acusaba de que por su culpa, todas las señoritas decentes habían tenido que huir de Cuernavaca.

"De hecho, los rebeldes habían mantenido un orden medianamente bueno. La señora King, resuelta dama inglesa que atendía a los

[43] *El Imparcial,* 19 de junio de 1911, en Womack, *op. cit.,* pág. 107.
[44] *El País,* 20 de junio de 1911.

41

residentes y a los huéspedes más notables de Cuernavaca en su Hotel Bellavista, no se quejó de nada importante. Ni tampoco, evidentemente, los diversos norteamericanos que vivían en la ciudad. En otros distritos, las quejas registradas comúnmente eran a causa de un caballo que no había sido devuelto o de abusos fortuitos cometidos por revolucionarios "de última hora" locales.[45]

Los hacendados comenzaron a difundir que Zapata había iniciado una nueva rebelión en Morelos. Madero lo citó el 20 de junio en la capital. Luego de la entrevista que tuvieron, Madero informó a la prensa que Zapata le había prometido retirarse, dejar sus pretensiones de ser el jefe de la policía, dispersar a sus tropas y sólo conservar una escolta de cincuenta hombres. También informó que Zapata había aceptado esperar a que la disputa agraria local se resolviera "dentro de la ley" luego de que un gobierno estatal fuera democráticamente electo. Las elecciones se realizarían a mediados de agosto.

Los campesinos de Cuautla seguían reteniendo con intransigencia las tierras. No querían devolver lo que habían recuperado. Los de Cuauchichinola, que invadieron tierras de las haciendas de San Gabriel y Cuauchichinola, que eran suyas, querían conservarlas. En todo el país era la misma situación, los campesinos yaquis exigían la devolución de sus ricas tierras, lo mismo hacían los de Michoacán, Guerrero, Oaxaca y Puebla.

A Zapata lo apoyaban muchos grupos como candidato a gobernador, incluso, un grupo de hacendados formó una comisión compuesta por Luis García Pimentel, Manuel Araoz y Antonio Barrios, quienes lo entrevistaron en Cuautla ofreciéndole su apoyo para la gubernatura. Quizás lo hicieron para tenerlo controlado y de su lado, y también para tener pretexto de tildarlo de "ambicioso de poder". El hecho es que Zapata no aceptó ser candidato a gobernador y desautorizó enérgicamente toda propaganda en su favor, diciendo que consideraría como enemigos suyos a los que trataran de ofrecerle puestos.[46]

Las contradicciones entre los federales y los revolucionarios no se resolvían, se agudizaban. El 12 de julio hubo una matanza en Puebla,

---

[45] King, Rose, *Tempest over México*, Boston, 1935, en John Womack, *op. cit.*, pág. 98.
[46] Paz, Octavio, *op. cit.*, pág. 75.

cuando Abraham Martínez, jefe del Estado Mayor de Zapata, mandó detener a un grupo sospechoso de conjurar para matar a Madero, entre los que se contaban dos diputados. El comandante federal mandó detener a Martínez y atacar el cuartel revolucionario, matando a más de cincuenta personas, entre las que había mujeres y niños. Zapata le hizo un llamado a todos los jefes y reunió a sus tropas en Cuautla para marchar a Puebla, luego le mandó un telegrama al secretario de Gobernación, Emilio Vázquez Gómez, informándole que estaba a su disposición para iniciar la marcha. Le dieron órdenes de quedarse en donde estaba, cosa que hizo. Pero ya tenía en pie un nuevo ejército revolucionario removilizado y desconfiado.[47]

Mientras tanto, los maderistas se dividían. Madero le dio la espalda a los hermanos Francisco y Emilio Vázquez Gómez y disolvió el Partido Antirreeleccionista para fundar el Partido Constitucional Progresista.

Emilio Vázquez Gómez, que era ministro de Gobernación y no estaba de acuerdo con el desarme del ejército maderista ni con la conciliación con los hacendados, veía la necesidad de armar nuevamente a los veteranos rebeldes, y a principios de julio, los revolucionarios tuvieron mejores armas.

Pero el 2 de agosto, Emilio Vázquez renunció a su puesto en Gobernación; lo sustituyó Alberto García Granados, hombre reaccionario que declaraba abiertamente que "No había que tratar con bandidos". García Granados exigía la inmediata e incondicional desmovilización y desarme de los revolucionarios y amenazaba con usar la fuerza para lograrlo.

Todo cambió entonces. El gobierno, como una provocación, nombró gobernador a Ambrosio Figueroa, que era enemigo de Zapata y se había aliado a los hacendados; las elecciones se pospusieron unos días.

El 9 de agosto, cuando Zapata todavía celebraba las boda con Josefa y pacíficamente esperaba el reparto de tierras, el gobierno de León de la Barra mandó a Victoriano Huerta a Morelos. Huerta, un viejo oficial del ejército porfirista, tenía intenciones de liquidar por completo a los zapatistas. Esto los puso en máxima alerta; el enfrentamiento era inevitable.

Entonces Francisco I. Madero trató de conciliar y llegar a un arreglo y marchó a Morelos para conferenciar con Zapata, quien todavía

---

[47] Womack, John, *op. cit.*, pág. 103.

43

lo reconocía y le daba siempre muestras del máximo respeto, y declaraba que tenían fe en él. Madero llegó a Morelos y se puso en contacto el 14 de agosto con Zapata, quien exigía que se retirasen las tropas federales, se nombrase en lugar de Ambrosio Figueroa a un nuevo gobernador, que estuviese en favor de una política agraria revolucionaria, y la deposición de las autoridades locales impopulares. El gobierno del porfirista De la Barra no podía aceptar más que el desarme incondicional de Zapata y le dio instrucciones a Victoriano Huerta, conocido como *El Chacal,* para que iniciase operaciones rumbo a Yautepec.

Mientras tanto, Madero conferenciaba en Yautepec con Zapata, quien le reclamó en los siguientes términos: "Si la revolución no hubiese sido a medias y hubiera seguido su corriente, hasta realizar el establecimiento de sus principios, no nos veríamos envueltos en este conflicto". Madero insistía en el licenciamiento y desarme de la gente, pero Emiliano sostenía que no debía desarmar y desarticular a su ejército hasta no haber logrado el reparto de tierras.

A pesar de que el gobierno de De la Barra había decretado una tregua, traicioneramente, a través de la Secretaría de Guerra ordenó el avance de los federales sobre Yautepec. Madero, creyendo en el gobierno de De la Barra, le prometió a Zapata que las fuerzas federales no lo atacarían y se retiró a la ciudad de México. Sin embargo, Victoriano Huerta con el pretexto de realizar "maniobras" avanzó sobre Yautepec. Esto motivó que creciera la desconfianza de los zapatistas, a pesar de que Madero consiguió otra tregua de 48 horas.

Esta desconfianza no era infundada, Madero estaba dispuesto a someter a los zapatistas "por las buenas", pero si no lo lograba no dudaría en buscar su liquidación. El día 15 de agosto Madero le había escrito al presidente De la Barra un telegrama en los siguientes términos:

El general Huerta opina como yo en todo, y también opinamos que no hay ningún mal en que se junten las tropas con Zapata, pues si desgraciadamente se rompieran las hostilidades era preferible que estén todas reunidas para darles un golpe decisivo. Firma Francisco I. Madero.[48]

[48] Telegrama de Madero a León de la Barra, en Langle Ramírez, Arturo, *Huerta contra Zapata*, UNAM. Instituto de Investigaciones Históricas. Serie Historia Moderna y Contemporánea, núm. 14, pág. 24.

Para continuar las pláticas, Madero y Zapata se dirigieron a Cuautla; el regreso de Madero "significó gran entusiasmo en la gente del pueblo y una nota de optimismo en las fuerzas zapatistas".[49] Ahí, al llegar a la estación de ferrocarril y luego de abrazarlo, Madero llenó de elogios a Zapata llamándolo "integérrimo general". Al hablar más tarde ante la multitud, en los jardines de Cuautla, intencionalmente elogió el movimiento local y defendió a su "valiente general Zapata" contra las "calumnias de nuestros enemigos".

Madero le ofreció una hacienda a Zapata, pero éste rehusó, él no luchaba para obtener tierra para sí.[50] Nunca se dejaría sobornar.

Las pláticas terminaron con un acuerdo, en ellas Zapata había invitado a representantes de los pueblos y comunidades y a los principales jefes de su ejército. Hubo propuestas para nuevo gobernador; los zapatistas proponían a Miguel Salinas pero aceptaron la propuesta de Madero en favor de Eduardo Hay y como jefe de policía proponían al hermano de Madero, Raúl. El asunto de las tierras se pospuso. Se aceptó que el 19 de agosto comenzaría de nuevo la desmovilización. Pero el mismo día en que se estaba desarrollando el licenciamiento, De la Barra dispuso la ofensiva contra los zapatistas: a Ambrosio Figueroa le ordenó que ocupase los pueblos del sur y el oeste de Morelos, a Victoriano Huerta le comunicó: "Imponga el orden de acuerdo con las instrucciones anteriormente dadas...", y éste avanzó contra Yautepec. "Cuando sus tropas se acercaron a la ciudad, el presidente municipal salió con bandera blanca y dispararon contra él".[51]

Madero repetidamente había exigido que Huerta se regresara a Cuernavaca y de ahí a la ciudad de México, pero Francisco León de la Barra lo engañaba, le prometía una cosa y ordenaba otra. Cuando Madero se enteró de que continuaba el avance federal sobre Yautepec, se dirigió, muy molesto, al presidente exigiéndole girara órdenes para el retiro inmediato de las tropas de Huerta, a quien consideraba que, además de hacerle el juego al general Bernardo Reyes para provocar disturbios, era de los elementos menos apropiados para desempeñar una misión de paz.[52]

[49] *Ibid.*, pág. 32.
[50] Paz, Octavio, *op. cit.*, pág. 78.
[51] Womack, John, *op. cit.*, pág. 115.
[52] Langle, Arturo, *op. cit.*, pág. 32.

Entonces Zapata suspendió el licenciamiento. Al día siguiente Madero regresó a Yautepec, y al mismo tiempo hubo una enorme manifestación estudiantil que hizo vacilar a De la Barra. Él se presentaba como el *presidente blanco* y le gustaba dar la apariencia de imparcial; para cuidar su imagen retrocedió y decretó una nueva tregua de 48 horas. El licenciamiento de los zapatistas continuó. Pero pasado este tiempo, De la Barra siguió posponiendo el nombramiento de Hay como gobernador, reforzó la guarnición de Cuernavaca y ordenó a Huerta que avanzara sobre Yautepec.

Para el día 22 quedaba claro que en esas condiciones, los revolucionarios no se desmovilizarían. Huerta le propuso a De la Barra "reducir al último extremo a Zapata hasta ahorcarlo o echarlo fuera del país".[53] Al día siguiente atravesó Yautepec para dirigirse a Cuautla.

Los zapatistas se pusieron furiosos contra Madero, considerándolo un traidor que quería engañarlos, incluso algunos proponían matarlo. Eufemio, el hermano de Emiliano, le dijo a éste: "Oye, hermano, yo creo que este "chaparrito" ya traicionó a la causa; está muy tierno para jefe de la revolución y no va a cumplir con nada; sería bueno quebrarlo de a tiro, ¿tú qué dices?"[54]

Zapata y Eduardo Hay lograron evitar que se hiciera daño a Madero, quien se fue a la ciudad de México, habiendo fracasado en su misión conciliadora. Zapata se había convencido de que ni De la Barra ni Huerta hacían caso a Madero, "así que ordenó que se recogieran las armas que acababan de entregar quienes se habían licenciado en Cuautla y, dirigiéndose al caudillo de la revolución, le dijo: 'Vaya usted a México, señor Madero, y déjenos aquí; nosotros nos entendemos con los federales. Ya veremos cómo cumple usted cuando suba al poder'".[55]

El presidente De la Barra y Victoriano Huerta habían logrado su propósito, enfrentar a los zapatistas con Madero para dividir el campo revolucionario y desprestigiar a éste ante la nación, presentándolo como un incapaz.

El enfrentamiento era inevitable. Las tropas de Ambrosio Figueroa se instalaron en Jojutla y comenzaron a ejecutar a zapatistas que se

[53] Womack, John, *op. cit.*, pág. 117.
[54] Langle, Arturo, *op. cit.*, pág. 246.
[55] Magaña, Gildardo, *op. cit.*, vol. I, pág. 246.

encontraban en armas y a realizar juicios sumarísimos contra los rebeldes.

El secretario de Gobernación, García Granados, ordenó la aprehensión de Zapata, a quien consideraban como un forajido. El gabinete presidencial ordenó "la extirpación completa del bandidaje".

Huerta ocupó Cuautla, pero ya entonces Zapata estaba en la zona montañosa de Puebla, a más de cien kilómetros de distancia, a salvo, aunque exhausto, como es de comprender. Zapata y los suyos tuvieron que esconderse. Para fines de agosto el estado de Morelos se encontraba con que las fuerzas federales ocupaban las principales poblaciones: Cuernavaca, Cuautla, Yautepec, etcétera.[56]

Figueroa asumió el poder en Morelos y Huerta avanzaba por el estado —como él comunicó a De la Barra—, "sembrando, si cabe la palabra, confianza… predicando con los fusiles y con los cañones del gobierno de la República, la armonía, la paz, y la confraternidad entre todos los hijos de Morelos". El 26 de septiembre consideró que el estado se encontraba "pacificado" y que su misión había concluido allí.[57]

En el mes de octubre, el presidente León De la Barra ofreció un indulto a los rebeldes zapatistas si se rendían incondicionalmente en 48 horas. Los zapatistas no lo aceptaron, sólo esperaban tener condiciones para proseguir su lucha. Veían que León De la Barra continuaba con la vieja política de Porfirio Díaz contra los trabajadores, ya que en 1912 mandó romper con la tropa la huelga de tranviarios en el Distrito Federal y en Ciudad de Oro, Coahuila, reprimió a balazos a los mineros.

No podían hacer las paces con ese gobierno. La amnistía era inaceptable. Sólo se rindió el general Juan Andrew Almazán que se encontraba en Guerrero.[58] Pero el ejército zapatista lejos de debilitarse engrosó con nuevos reclutas, hasta alcanzar cerca de 1,500 efectivos. El 22 y 23 de octubre los zapatistas ocuparon pueblos del Distrito Federal a unos 25 kilómetros de la ciudad de México. El 24 tomaron Milpa Alta y el 25 llegaron a las Goteras de Tlalpan. La prensa reportaba alarmada: "¡Los zapatistas a la puerta de la capital!"

---

[56] Langle, Arturo, *op. cit.*, pág. 50.
[57] Womack, John, *op. cit.*, pág. 119.
[58] Langle, Arturo, *op. cit.*, pág.50.

Francisco I. Madero asumió el poder el 6 de noviembre de 1911. Era el momento apropiado para solucionar el problema. Zapata encontró a sus tropas en Villa de Ayala. Alfredo Robles Domínguez llegó a Cuautla el 8 de noviembre para negociar la conciliación. En tres días llegaron a un acuerdo; los Figueroa y el grupo de Guerrero se apartarían de los asuntos de Morelos y el grupo de Ayala sería reconocido, se retirarían los federales y los revolucionarios se convertirían en policía federal para garantizar los fines agraristas de la revolución; la pasada insubordinación de los zapatistas sería considerada como una protesta legítima.

> El 6 de noviembre Zapata ordenó a todos sus subordinados que no se siguieran destruyendo las vías ferroviarias y que se permitiera la reconstrucción de las destruidas. Esta circular la expidió en vista de que el gobierno, por conducto del licenciado Robles Domínguez, le había mandado decir que estaba dispuesto a entrar en pláticas de paz y concederle lo que pidiera.[59]

Sin embargo, mientras se desarrollaban las pláticas, el ejército federal estrechó el cerco sobre los zapatistas y cuando Madero conoció los términos del pacto negociado por Robles Domínguez dio la siguiente respuesta:

> … Haga saber a Zapata que lo único que puedo aceptar es que inmediatamente se rinda a discreción y que todos sus soldados depongan inmediatamente las armas. En este caso, indultaré a sus soldados del delito de rebelión y a él se le darán pasaportes para que vaya a radicarse temporalmente fuera del estado.[60]

Esta actitud de Madero significó el rompimiento definitivo. Zapata, que siempre le había tenido fe y profesado lealtad a pesar de todos los problemas que había pasado, se encontraba con que una vez en el poder, en lugar de cumplir las promesas del Plan de San Luis, lo trataban a él y a su gente, que con su sangre habían contribuido en batallas decisivas a la renuncia de Porfirio Díaz y al triunfo de la revolución maderista, como viles bandidos sin ningún derecho.

[59] Paz, Octavio, *op. cit.*, pág. 83.
[60] Womack, John, *op. cit.*, pág. 123.

Considerando que Francisco I. Madero había traicionado a la revolución, Zapata se retiró tres días con Otilio Montaño para preparar un plan, conocido como de Ayala, a la zona montañosa del sudoeste de Puebla, en los límites con Guerrero y Morelos, cerca de Jolalpa, donde habían dado sus primeras batallas los rebeldes de Ayala.

Una vez redactado, el plan fue firmado el 28 de noviembre de 1911 en Ayoxustla, Puebla.

Zapata quería que firmaran un plan, dice Francisco Mercado, uno de los firmantes, "porque nos tenían por puros bandidos y comevacas y asesinos y que no peleábamos por una bandera".[61]

En este plan se proponía defender el Plan de San Luis y llevar a cabo las promesas de la revolución estallada el 20 de noviembre de 1910. El plan fue firmado por los principales generales del ejército del sur: Emiliano y Eufemio Zapata, Otilio Montaño, José Trinidad Ruiz, Jesús Morales, Próculo Capistrán, Francisco Mercado y otros 50 oficiales. A todos los retó Emiliano diciéndoles: "El que no tenga miedo, pásele a firmar". Se juntaron como tres mil o cuatro mil hombres. Solamente los jefes, aunque no todos, firmaron.

Relata Cristóbal Domínguez, uno de los firmantes del plan:

[...] Nosotros llegamos a muy buena hora. Todavía oíamos cuando el señor Montaño agarró el documento y le dio lectura y lo oyeron todos. Todos los que estábamos ahí reunidos, que era tantísima gente. Y ya dijo el general Zapata, dice: "¿Están conformes?" "Sí, señor." Decíamos que sí estábamos. Siempre que sí. Pero muchos dijeron: "Pero hombre, pero si firmamos nos van a matar." "Te tienen que matar si firmas o si no firmas." Era lo mismo. Cuando acababa de leer el acta del Plan el general Montaño, entonces dijo Zapata: "Todos los jefes pasen a firmar. "¡Los que no tengan miedo!" Los que tenían miedo, pues no fueron. Ningún oficial de las fuerzas de Fortino Flores, que venía con mil o dos mil hombres, firmó. Hubo dudas y jaloneo entre los combatientes, y los más decididos firmaron y se comprometieron. Después de que firmaron pasaron a jurar bandera y luego todos cantaron el Himno Nacional.

---

[61] Rosoff, Rosalind, *Así firmaron el Plan de Ayala*, pág. 36.

[...] Todos cantamos el Himno Nacional. Tocaron dos violines y un bajo. Entonces hubo unos cohetes, de esos chiquitos que se tiran al suelo.[62]

Agustín Ortiz, otro de los firmantes, relata que llegaron tarde a la ceremonia, cuando ya había pasado, y Zapata les habló:

> Nos preguntó el general [Zapata] si estábamos dispuestos a morir por la Patria. Pues dijimos que sí. Pues yo respondí: "Sí, hasta quemar el último cartucho." "Bueno, muy bien. Ahora me hacen favor de firmar en esta reunión del Plan de Ayala, para que se verifique todo lo que estamos luchando. Cuando triunfemos tienen que quedar algunos de los de esta reunión de la firma. Y éstos han de dar cuenta de que se cumpla por lo que luchamos y lo que hicimos aquí. Total, ¿dispuestos a morir? "Sí, señor."[63]

Francisco Mercado, que estaba en el Estado Mayor de Zapata, observaba a Agustín Ortiz y a Pedro Balbuena, cómo se daban valor mutuamente.

> Le decía Agustín a Pedro: "Tú firma", y Pedro le decía a Agustín: "No, tú vete a firmar". Llegaron a decir: "Te meto tus balazos." "¿Y qué, yo no tengo con qué? "¡Ahora, [le decía Agustín a Pedro] ándale, hijo de tu chingada madre, si no firmas..." "Firma, te dije." "Mira, hijo de la chingada, si no firmas te mato..." "Y yo que me paro." "Y yo también, ¿qué?"[64]

Y así a empujones se animaron los dos a firmar.

Así, los zapatistas declararon la guerra al gobierno de Madero, acusándolo de no llevar a feliz término la revolución que inició, pues "dejó en pie la mayoría de los poderes gubernativos y elementos corrompidos de opresión del gobierno dictatorial de Porfirio Díaz..."[65]

También lo criticaban por encarcelar, como hicieron no sólo con zapatistas, sino también con Francisco Villa, perseguir o matar a los elementos revolucionarios que le ayudaron a ocupar el puesto de presidente de la República, acusándolos de bandidos y rebeldes. Tam-

---

[62] *Ibid.*, pág. 42.
[63] *Ibid.*, pág. 36.
[64] *Ibid.*, pág. 40.
[65] *Ibid.*, pág. 120.

bién lo atacaban por burlarse del sufragio efectivo al "imponer" en la vicepresidencia de la República a Pino Suárez desplazando a Vázquez Gómez, y por designar a gobernadores como Ambrosio Figueroa, aliados con los hacendados y caciques enemigos de la revolución. Desconocieron a Madero como jefe de la revolución, considerándolo inepto para realizar las promesas de la misma.

Reconocían como jefe de la Revolución Libertadora al general Pascual Orozco y, en caso de que no aceptara, al general Emiliano Zapata. Hicieron suyo el Plan de San Luis y declararon que no admitirían transacciones ni componendas políticas hasta no "conseguir el derrocamiento de los elementos dictatoriales de Porfirio Díaz y don Francisco I. Madero".

En el artículo 6º del plan, piden la devolución de los terrenos, montes y aguas que hayan usurpado los hacendados a los pueblos o ciudadanos, manteniendo la posesión de sus propiedades a todo trance, con las armas en la mano.

En el artículo 7º, considerando que "la inmensa mayoría de los pueblos y ciudadanos mexicanos no son más dueños que del terreno que pisan", se expropiaría a quienes monopolizan la tierra, previa indemnización, la tercera parte de sus propiedades para que los pueblos y ciudadanos de México obtengan ejidos, colonias y fundos legales. En el artículo 8º condenaban a los hacendados que se opusieran al plan, a la nacionalización de sus bienes, destinándolos para las indemnizaciones de guerra, pensiones para las viudas y huérfanos de las víctimas que sucumban en la lucha por este plan. Una vez triunfante la revolución, una junta de jefes revolucionarios designaría a un presidente interino, quien convocaría a elecciones para la organización de los demás poderes federales.[66]

De este plan sacó copias el señor cura de Huautla, a quien mandó traer Emiliano con todo y máquina de escribir; una de esas copias fue enviada al periódico *El Diario del Hogar*, que la publicó en la ciudad de México el 15 de diciembre de 1911.[67]

A partir de entonces Zapata suspendió cualquier gestión con el maderismo y comenzó a difundir el Plan de Ayala. El 6 de diciembre le

[66] *Ibid.*, pág. 112.
[67] *Ibid.*, pág. 149.

escribió al coronel Gildardo Magaña una carta en la que resume el porqué de su rompimiento con Madero:

> Fuimos prudentes hasta lo increíble. Se nos pidió primero que licenciá- ramos nuestras tropas. Y así lo hicimos. Después dizque de triunfante la revolución, el hipócrita de De la Barra, manejado por los hacendados caciques de este Estado, mandó al asesino Blanquet y al falso Huerta, con el pretexto de mantener el orden en el Estado, cometiendo actos que la misma opinión pública reprobó protestando en la ciudad de México, por medio de una imponente manifestación que llegó hasta la mansión del Presidente más maquiavélico que ha tenido la nación; y al mismo Made- ro le consta la traición que se pretendió hacernos estando él en Cuautla y cuando ya se había principiado el licenciamiento de las fuerzas que aún nos quedaban armadas, acto que tuvimos que suspender precisamente por la conducta de Huerta al intentar atraparnos como se atrapa a un ratón. Después en Chinameca, el día 1o. de septiembre último se me tendió torpe celada por los colorados de Federico Morales con éste a la cabeza, de acuerdo con el administrador, y para colmo de todas las infa- mias, se impuso como gobernador a este sufrido estado al tránsfuga Ambrosio Figueroa, irreconciliable enemigo de este pueblo y uno de los primeros traidores que tuvo la revolución, y por último, en la Villa, mien- tras estábamos en conferencias de paz con Robles Domínguez enviado por Madero, se hace de nuevo el intento de coparme. Si no hay honra- dez, ni sinceridad, ni el firme propósito de cumplir con las promesas de la revolución, si teniendo aún algunos hombres armados que a nadie perjudicaban se pretendió asesinarme, tratando de acabar por este me- dio con el grupo que ha tenido la osadía de pedir que se devuelvan las tierras que les han sido usurpadas, si las cárceles de la República están atestadas de revolucionarios dignos y viriles porque han tenido el gesto de hombres de protestar por la claudicación de Madero, ¿cómo voy a ser tan cándido para entregarme a que se me sacrifique para satisfacción de los enemigos de la revolución? ¿No hablan elocuentemente Abraham Martínez, preso por orden de De la Barra y con aprobación de Madero, por el delito de haber capturado a unos porfiristas que pretendían aten- tar contra la vida del entonces Jefe de la revolución? ¿Y Cándido Navarro y tantos otros que injustamente están recluidos como unos criminales en las mazmorras metropolitanas? ¿A esto se le llama revolución triun- fante?
>
> Yo, como no soy político, no entiendo de esos triunfos a medias; de esos triunfos en que los derrotados son los que ganan; de esos triunfos en que, como en mi caso, se me ofrece, se me exige, dizque después de

triunfante la revolución, salga no sólo de mi estado, sino también de mi Patria... Yo estoy resuelto a luchar contra todo y contra todos sin más baluarte que la confianza, el cariño y el apoyo de mi pueblo.

Así hágalo saber a todos; y a don Gustavo dígale, en contestación a lo que de mí opinó, que a Emiliano Zapata no se le compra con oro. A los compañeros que están presos, víctimas de la ingratitud de Madero, dígales que no tengan cuidado, que todavía aquí hay hombres que tienen vergüenza y que no pierdo la esperanza de ir a ponerlos en libertad [...] Emiliano Zapata.[68]

El Plan de Ayala se empezó a difundir entre la población, al principio con trabajos, relata Francisco Mercado:

Muchos entendían, muchos no. Como la gente por aquí estaba muy atrasada... No tenía nada de estudio, de colegio. Estaba muy atrasada. Hasta después los que entendían eso, les explicaban. Ya vino la explicación a toda la gente y entonces sí ya empezaron a entender. Ya dijeron lo que la ley rezaba. Ya supieron lo que decía allí, porque era lo que peleábamos.[69]

La lucha continuó en todo Morelos, donde los revolucionarios eran dueños de todo el territorio, a excepción de las ciudades en las que los federales estaban acuartelados. Para ganarse a los pueblos, Zapata les exigía a sus soldados ser muy respetuosos con la gente y evitar los saqueos.

Para hacerse de recursos, además de las contribuciones de la población, les imponían empréstitos forzosos a las haciendas. Sus armas y el parque los arrancaban el ejército federal. El descontento se extendía a los estados de Tlaxcala, Puebla, México, Michoacán, Guerrero y Oaxaca.

El 17 de enero, Madero tuvo que pedirle la renuncia a Ambrosio Figueroa como gobernador de Morelos y mandarlo a reprimir a los revolucionarios de Guerrero. Además mandó decretar estado de sitio por cuatro meses en Morelos, Guerrero, Tlaxcala, Puebla y 13 distritos de México. A pesar de todo, a fines de enero los zapatistas casi tomaron Cuernavaca y el ataque contra la capital continuó a principios de febrero.

[68] *Ibid.*, pág. 149.
[69] *Ibid.*, pág. 46.

Entonces comenzó una gran ofensiva contra los revolucionarios. Madero había nombrado como nuevo jefe militar para Morelos al sanguinario general Juvencio Robles con el fin de aniquilar al zapatismo. Tomando en cuenta que se consideraba que todo el pueblo "y hasta las piedras..." en Morelos eran zapatistas, la represión era indiscriminada. El 9 de febrero el ejército federal asaltó Santa María, empaparon casas y edificios con gasolina y les prendieron fuego. Luego incendiaron los bosques aledaños. Para un periodista de *El País*, diario católico de la capital, la acción pareció ser un encomiable esfuerzo por "destruir el zapatismo, que amenaza destruir lo que más en alto llevamos: nuestra nacionalidad".[70]

Robles usó todos los métodos. El 10 de febrero detuvieron a la suegra de Zapata, a su hermana y a dos cuñadas y se las llevaron como rehenes a Cuernavaca. Pronto comenzó a fusilar a cualquier sospechoso.

El 13 de febrero ajustició a 14 personas en Cocoyoc y Yautepec. Luego usó la "recolonización", que consistía en incendiar aldeas y ranchos y obligar a los pobladores a concentrarse afuera de los pueblos grandes para tenerlos bajo control total.

Ese método había sido aplicado en México desde el siglo XVI, por un decreto del virrey Antonio de Mendoza para facilitar la labor de los invasores y poder colonizar el país, reduciendo a los indígenas a la impotencia. El 15 de febrero Robles incendió el pueblito de Nexpa en el que sólo quedaban 136 habitantes, la aplastante mayoría mujeres y niños y se llevó presos a todos a Jojutla. Luego de unos días los dejó libres, pero para que no regresasen a Nexpa, los obligó a presentarse todos los días ante la policía de Jojutla. También quemaron y "recolonizaron" las poblaciones de San Rafael, Ticumán, Los Hornos, Elotes, Coajomulco, Ocotepec y otras.

El pueblo de Morelos viéndose sujeto a tan cruel e indiscriminada represión por parte del gobierno de Madero, intensificó la rebelión. Antes que ser asesinados por las tropas federales huían de sus pueblos y se iban "a la bola", las mujeres voluntariamente sostenían al ejército popular, lo alimentaban y ayudaban en las formas más varia-

---

[70] *Informe al abrirse les sesiones del XXV Congreso de la Unión,* en Womack, John, *op. cit.,* pág. 138.

das; prácticamente todos los hombres del campo, desde los adolescentes hasta los ancianos, comenzaron a colaborar con los zapatistas o a incorporarse a sus filas.

Madero estaba furioso contra los campesinos del sur y tenía miedo de que la sublevación se extendiese. Para exorcizar ese fantasma declaraba:

> Por fortuna este amorfo socialismo agrario, que para las rudas inteligencias de los campesinos de Morelos sólo puede tomar la forma de vandalismo siniestro, no ha encontrado eco en las demás regiones del país.[71]

El primero de abril declaró que hasta no tener el control militar de Morelos no habría de autorizar "estudios y operaciones" a propósito de "nuestra añeja cuestión agraria".

En abril ya todo el campo de Morelos era de los zapatistas, pero no así las ciudades, que sólo podían ocupar temporalmente, como sucedió en Tepoztlán, Jonacatepec, Tlaquiltenango, Tlaltizapán y Jojutla. Los federales seguían con su política de quemar y arrasar las poblaciones, como sucedió también en Huitzilac. Y cuando el nuevo gobernador de Morelos, Francisco Naranjo escribió a Madero pidiéndole que contuviese los desmanes del general Juvencio Robles, Madero le respondió que las acciones dictadas por el Ejecutivo Federal eran "medidas oportunas en tiempo de guerra".[72] El 19 de mayo se restablecieron las garantías constitucionales y fueron electas personas moderadas y reformistas del grupo de Leyva.

El nuevo ministro de Gobernación, Jesús Flores Magón, buscó entablar negociaciones con Zapata. Al mismo tiempo fueron encarcelados en la ciudad de México los principales representantes zapatistas Gildardo Magaña, Abraham Martínez, Luis Méndez y Gonzalo Vázquez Ortiz, lo que significó un rudo golpe al zapatismo. Gildardo Magaña fue enviado a la prisión de Santiago Tlaltelolco, donde hizo amistad con Francisco Villa, preso también por la acusación que le hizo Victoriano Huerta de insubordinación. Así pagaban los maderistas a los revolucionarios que los llevaron al poder: encarcelándolos.

---

[71]Womack, John, *op. cit.*, pág. 140.
[72] *Idem.*

El 12 de julio protestaron los nuevos diputados de Morelos que antes eran oposición y ahora gobernaban, la mayoría eran pequeños comerciantes urbanos que no entendían la problemática de los campesinos. Durante varios meses los rebeldes detuvieron sus operaciones con el fin de acumular pertrechos. Madero buscaba la rendición de Zapata a cambio de que depusiera las armas y de pequeñas concesiones locales. Pero Zapata le contestó al enviado secreto de Madero: "... la revolución de Morelos no es una revolución local... no entrará en convenios de paz, sino hasta el derrocamiento de Madero".[73]

Y continuaron los ataques contra los federales y los ferrocarriles, por lo que se reforzó el ejército de Robles y se restableció la ley marcial en Morelos, a pesar de lo cual a fines de julio los revolucionarios estuvieron a punto de tomar Jojutla y Yautepec. La nueva ley marcial regiría por seis meses a partir de agosto.

Al fracasar su política para "pacificar" Morelos, Madero tuvo que hacer algunos cambios, mandó destituir al gobernador Naranjo y en su lugar nombró a Aniceto Villamar; luego de las elecciones ganó la gubernatura Patricio Leyva. Un cambio muy positivo fue la sustitución del sanguinario Robles, por el general Felipe Ángeles, que era una persona honrada y de buenas intenciones.

Cuando el 12 de agosto una banda bajo el mando de Amador Salazar atacó un tren matando a 36 soldados y a 30 civiles, entre los que se encontraban dos periodistas, los diarios capitalinos clamaron por venganza, pero Felipe Ángeles se negó a una represión generalizada y el gobernador Villamar publicó un manifiesto en el que reconoció que los rebeldes no eran bandidos y los llamó, no como "vuestro gobernador", sino como "vuestro hermano", a hacer la paz. Después prometió "tribunales imparciales para resolver la cuestión agraria por medio de acuerdos equitativos con los terratenientes que, sin duda, aspiran también al establecimiento de la paz".[74]

También los nuevos diputados aprobaron leyes "para resolver la cuestión agraria", pero esas leyes resultaron el parto de los montes, consistían en un aumento de impuestos a las haciendas de 10%, que el estado comprara los terrenos del mercado de diversas haciendas...

[73] *Ibid.*, pág. 141.
[74] *Ibid.*, pág. 141.

y la fundación de una escuela de agricultura y mecánica. ¡Qué soluciones!

Sin embargo, la tensión había aflojado y la rebelión perdía fuerza. A fines de octubre una nueva legislación dejó sin aprobar las tres nuevas y tímidas leyes antes referidas. Al mismo tiempo, Félix, el sobrino de Porfirio Díaz, se levantó en armas en Veracruz.

El principal respaldo del ejército campesino era el propio pueblo, que lo alimentaba y lo apoyaba en lo posible. Para obtener recursos, los rebeldes fijaron un impuesto semanal a las haciendas de Morelos y Puebla. A las que no pagaran les incendiarían sus campos de caña.

A fin de año algunas haciendas pagaron el impuesto, y las que no lo hicieron vieron sus campos quemados. Hacia fines de enero, según el periódico *El País,* más de la mitad de la producción de caña se había perdido en los incendios.[75]

Entonces Villamar, quien había buscado la concordia, fue relevado del puesto de gobernador y en su lugar quedó Patricio Leyva, en premio por haber traicionado a los zapatistas.

Para principios de 1913 la revolución no había podido ser controlada, la oligarquía siempre había estado contra Madero, a quien consideraba "un loco" e "idealista" y lo odiaba por haber derrocado a don Porfirio. La prensa, que estaba controlada por los terratenientes y porfiristas, no había dejado de ridiculizar a Madero y a su gobierno, y buscaban restablecer su poder.

Los petroleros de Estados Unidos y el embajador de ese país en México, Henry Lane Wilson, estaban furiosos con Madero por el impuesto de tres centavos por barril de petróleo que decretó, afectando a las compañías petroleras extranjeras.

Madero sucumbió, presa de las contradicciones irreconciliables que se habían desatado y que él quiso conciliar. En el acuerdo de Ciudad Juárez, negociado el 21 de mayo de 1911, había aceptado a cambio de la renuncia de Porfirio Díaz, un gobierno porfirista provisional y el desarme y licenciamiento de todas las fuerzas revolucionarias. Así pues, al disolver los maderistas al ejército popular y mantener el antiguo ejército federal porfirista, habían quedado como rehenes de éste.

---

[75] *Ibid.,* pág. 155.

El convenio maniataba las operaciones de las fuerzas revolucionarias de Villa y Zapata. Sólo éste se negó a disolver su ejército, mientras que Villa había terminado en la cárcel de Santiago Tlaltelolco, de donde se escapó.

Madero renunció al aspecto agrario que contenía el Plan de San Luis, aduciendo que los Convenios de Ciudad Juárez le obligaban a reconocer como válidos los fallos de los tribunales y la legitimidad de todos los actos de la administración pasada.

En el aspecto agrario Madero declaró que deseaba promover la formación, de manera paulatina, de pequeñas propiedades privadas en las zonas rurales de México y la restitución de los ejidos a los pueblos que habían sido despojados.

Formó dos comisiones para que se encargaran de estudiar el problema de la reforma agraria, la Comisión Nacional Agraria y la Comisión Agraria Ejecutiva. Ésta última publicó un informe en abril de 1912, en el cual se estipulaba que la adquisición, por parte del gobierno, de algunas grandes propiedades para luego fraccionarlas, era una manera poco satisfactoria y práctica de llevar a cabo una reforma agraria y recomendaba que les fuesen devueltas las tierras ejidales a los pueblos.

Sin embargo, el gobierno puso poco empeño para llevar a efecto las recomendaciones que había hecho la comisión a este respecto, limitándose únicamente a recuperar aquellas tierras que podía probarse que les habían despojado a los pueblos de forma ilegal.

Además de esto, el gobierno compró algunas tierras más a los latifundistas y delineó y recuperó algunas otras de propiedad nacional, que fueron repartidas entre los pequeños propietarios. No obstante, estas actividades escasamente tocaban el verdadero problema agrario y la forma de manejarlo era muy superficial.[76]

Madero resume su actitud hacia la reforma agraria al declarar en junio de 1912: "Una cosa es crear la pequeña propiedad por medio de un esfuerzo constante y otra es repartir las grandes propiedades, lo cual nunca he pensado ni ofrecido en ninguno de mis discursos y proclamas".[77]

[76] Ross, Stanley R., *Francisco I. Madero*, pág. 242.
[77] Díaz Soto y Gama, Antonio, *La Revolución agrarista del sur y Emiliano Zapata su caudillo*, pág. 77.

Así, lejos de resolver la demanda y apoyarse y desarrollar las fuerzas revolucionarias que lo llevaron al poder, Madero concilió con las fuerzas de la reacción, dándoles plena libertad y respetando sus intereses. La misma insensibilidad que tuvo ante las demandas campesinas se registró en relación con el movimiento obrero.

No apoyarse en las fuerzas de las masas trabajadoras, no satisfacer sus demandas y reivindicaciones, buscar la concordia con las fuerzas reaccionarias y apoyarse en el viejo aparato estatal fue la principal debilidad de Madero. Con su llegada al poder, los trabajadores pensaron que se abrían nuevas posibilidades para el desarrollo de su movimiento y la conquista de sus más urgentes demandas.

En esa época la jornada laboral era de 14 a 16 horas, sin descanso dominical, ni servicio médico, o indemnización por accidente de trabajo o por despido. En una palabra, no existía ninguna legislación laboral favorable al obrero.

En las relaciones capital-trabajo, todo se dejaba al libre juego del mercado, de la oferta y la demanda, según la vieja consigna liberal "dejar hacer, dejar pasar". Sin embargo, en la práctica y durante el gobierno de Madero, las huelgas tuvieron por objeto obligar a las empresas a reconocerles personalidad jurídica y su campaña se basó en exigir jornadas de trabajo de ocho horas, salario mínimo de $2.50 y descanso dominical.

En este período estallaron numerosas huelgas. Entre otras, las de los tranviarios del DF, los obreros tabacaleros, los panaderos, los alijadores de Tampico, obreros textiles, las telefonistas de la Compañía Erikson, los ferrocarrileros organizados en distintas uniones gremiales y los mineros y metalúrgicos.

Sin embargo, a pesar de que no hubo una política oficial de represión abierta de las huelgas, el régimen maderista, en lugar de alentar la organización de los trabajadores y apoyarse en su fuerza, trató de contrarrestar la influencia de los grupos disidentes.

En 1911, el Congreso maderista decretó el establecimiento del Departamento del Trabajo, como un medio de controlar huelgas, pues se proponía "establecer una perfecta armonía entre el fabricante y el obrero".[78]

---

[78] Ulloa, Bertha, "La lucha armada 1911-1920", en *Historia general de México*, tomo V, pág. 29.

Aunque el Departamento del Trabajo, a cargo de Antonio Ramos Pedrueza, mediaba en las negociaciones sólo a petición expresa de las partes, y trataba siempre de calmar los ánimos, los problemas crecían al no solucionarse las causas básicas del descontento.

Entonces Madero buscaba desarticular el movimiento. En septiembre de 1912, suprimió la revista *Luz* y encarceló a varios de sus participantes. También propició la creación de otra organización paralela, colaboracionista, que compitiera con la Casa del Obrero Mundial (COM): la Gran Liga Obrera.

En general, la política maderista fue la de llamar a la concordia y "evitar las huelgas y desórdenes inútiles", cuando por las graves injusticias que sufrían los trabajadores no podía haber concordia.

A pesar de las medidas que implementó Madero en contra de la COM, ésta aumentó su popularidad y su membresía. Se le adhirieron intelectuales anarquistas como Antonio Soto y Gama, Santiago Vega y otros. A pesar de los deseos de Madero, el espíritu de lucha de la clase obrera comenzaba a manifestarse con fuerza.

A fines de 1912 y principios de 1913 más de 6,000 ferrocarrileros, incorporados a la Unión de Mecánicos, dirigida por Enrique González, se lanzaron a la huelga pugnando por ocho horas de labor, destitución de algunos jefes despóticos, reinstalación de compañeros despedidos y reconocimiento oficial de la organización sindical.

La huelga triunfó, culminando con un aumento de 10% en los salarios, reconocimiento oficial de los comités de ajuste y reposición de algunos trabajadores despedidos, pero no obtuvieron la jornada de ocho horas, prevaleciendo entonces la de 10 horas de trabajo. Luego, en 1913 se fundaría el primer antecedente del sindicato único ferrocarrilero, que fue la Confederación de Gremios Mexicanos.

Al no apoyar sus demandas, el presidente Madero se fue aislando de los obreros y campesinos, quienes pudieron y debieron haber sido su principal sostén. El espíritu de conciliación de Madero con sus enemigos porfiristas lo llevó incluso a dejar a éstos conspirar abiertamente contra él.

Los generales Bernardo Reyes y Félix Díaz, coordinados por el embajador de los Estados Unidos, Henry Lane Wilson, prepararon su plan subversivo en la misma cárcel en que los tenía Madero, gracias a las facilidades que les dio el gobierno para recibir visitas, mandar recados, etc. La opinión pública fue preparada durante meses por la prensa, que abiertamente atacaba, todos los días a Madero, presentándolo como un incapaz y responsable del caos que había en México, cuando el único culpable era el régimen porfirista.

El cuartelazo porfirista estalló el 9 de febrero de 1913 en la ciudad de México. Al ser derrotados los subversivos y muerto Bernardo Reyes a las puertas del Palacio Nacional, se refugiaron en La Ciudadela. El comandante del ejército, general Lauro Ortega, resultó herido; para sustituirlo, Francisco I. Madero, en su afán de quedar bien con los viejos oficiales porfiristas, nombró como nuevo comandante nada menos que al general Victoriano Huerta, quien durante diez largos días se dedicó a bombardear gran parte del centro de la ciudad sin batir a los insurrectos en La Ciudadela y causando estragos entre la población civil.

En secreto, Huerta se había entendido con el embajador norteamericano Henry Lane Wilson para derrocar a Madero.

Entonces, Emiliano Zapata, quien estaba consciente de la gravedad que tendría para el país el triunfo de los golpistas, en un gesto de gran generosidad y claridad política, le ofreció a Madero un millar de hombres para hacer frente a los soldados rebeldes, pero Madero no aceptó su oferta.[79]

Asimismo, cuando el general Felipe Ángeles regresó a la ciudad de México con algunas de sus tropas para ayudar a Madero a suprimir la rebelión, Zapata convino en no atacar el tren que conducía a las tropas de Ángeles hacia la capital, ni a la casi indefensa Cuernavaca. Rosa King, una observadora inglesa que residía en esa pequeña ciudad cuando sucedieron estos acontecimientos, nos dice: "Hoy sé que cuando Madero se encontraba en prisión, sólo un hombre en todo México preparaba sus tropas para acudir en su rescate y éste era, entre todos los hombres, Zapata, a quien él había tratado tan mal".[80]

Un poco antes de que Madero fuese asesinado por órdenes de Huerta, le dijo a su compañero de prisión, el general Ángeles, que Zapata había tenido toda la razón al desconfiar de los funcionarios federales y predecir su deserción cuando se reunieron en agosto de 1911. Al mismo tiempo, en víspera de su muerte, Madero expresó al licenciado Federico González Garza, que se encontraba en su compañía prisionero de Huerta:

[79] Fabela, Isidro, *Historia diplomática de la Revolución Mexicana*, tomo I, FCE, pág. 63.
[80] King, Rose E., *Tempest over México*, Boston, pág. 140.

como político he cometido dos grandes errores, que son los que han causado mi caída: haber querido contentar a todos y no haber sabido confiar en mis verdaderos amigos. ¡Ah!, si yo hubiera escuchado a mis verdaderos amigos, nuestro destino hubiera sido otro muy distinto; pero atendí más a quienes no tenían simpatía alguna por la revolución y hoy estamos palpando el resultado.[81]

El 19 de febrero, después de haber sido encarcelado por Huerta, Madero y el vicepresidente Pino Suárez renunciaron, con la promesa de que se les dejaría salir del país y exiliarse en La Habana, Cuba. Primero los llevaría un tren a Veracruz y luego un buque a Cuba. Pero todo era una trampa para arrancarles la renuncia. Pocas horas después de firmar ésta, eran traicioneramente asesinados por la espalda. El automóvil en que condujeron a Madero a su sacrificio fue proporcionado por el yerno de Díaz, Ignacio de la Torre.

Huerta asumió la presidencia. El plan de los porfiristas era que Victoriano convocara a elecciones en las que se presentaría el sobrino de don Porfirio, Félix Díaz, pero Huerta traicionando a sus aliados maniobraría para quedarse en el poder.

En Morelos, luego de varios días de espera, el 5 de marzo la legislatura votó su "adhesión al nuevo gobierno". Por el contrario, los revolucionarios de ese estado conocían muy bien a Huerta y sabían que de éste no podían esperar nada bueno, por lo que siempre se le opusieron tajantemente.

El 2 de marzo Zapata y varios de sus generales le notificaron oficialmente a Huerta que su rebelión proseguiría, y el 4 de marzo protestaron ante Félix Díaz "contra la imposición del gobierno ilegal de Huerta".[82]

COMBATE AL USURPADOR

Comenzó entonces la lucha contra el dictador Huerta, quien volvió a nombrar al nefasto general Juvencio Robles, comandante militar de Cuernavaca, y proclamó de nuevo la ley marcial en el sur.

---

[81] Díaz Soto y Gama, *op. cit.*, pág. 141.
[82] Magaña, Gildardo, *op. cit*, tomo III, pág. 25.

El general Zapata, por su parte, tomó la hacienda de Chinameca el 5 de mayo, el día 7 ocupó Villa de Ayala y el 13 tomó Jonacatepec. El 14 de mayo fue atacada Cuernavaca por el zapatista Genovevo de la O, del 20 al 28 combatió Zapata en Tepalcingo y San Miguel Ixtlilco.

La afirmación que sin fundamento alguno desliza Enrique Krauze en la biografía de Zapata: "por momentos parece que Zapata considera la posibilidad de pactar con Huerta a cambio de una aceptación oficial del Plan de Ayala",[83] no tiene base alguna.

En cuanto pudo Zapata enmendó el Plan de Ayala para declarar a Huerta "usurpador... cuya presencia en la Presidencia de la República acentúa cada día más y más su carácter contrastable con todo lo que significa la ley, la justicia, el derecho y la moral, hasta el grado de reputársele mucho peor que Madero", en un manifiesto publicado el 30 de mayo.

Leyva había renunciado a la gubernatura dejando en su lugar a su brazo derecho, Benito Tajonar, pero Juvencio Robles lo encarceló junto a otros leyvistas, quedando como gobernador interino.

Al día siguiente de que Robles tomara el poder, Zapata inició un poderoso ataque y, como ya dijimos, tomó Jonacatepec, haciéndose de gran cantidad de armas y caballos.

A fines de abril y principios de mayo Zapata había desatado una gran ofensiva contra Cuautla y Cuernavaca. En ningún momento concilió con Huerta. El fuego de la revolución se encendió de nuevo con fuerza incontenible. "La intransigencia de los zapatistas obligó a Huerta a ocupar una gran cantidad de sus tropas en la campaña del Sur, frustrando de esta forma, sus planes para aplastar la revolución del norte, que apenas acunaba".[84]

Mientras tanto, se reiniciaba la revolución en el norte. Cuando Venustiano Carranza, gobernador de Coahuila, conoció la noticia del golpe de Estado encabezado por Félix Díaz y Victoriano Huerta en la ciudad de México, y posteriormente se enteró del cobarde asesinato de Madero y Pino Suárez, también se opuso tajantemente a la usurpación.

La legislatura de Coahuila desconoció a Huerta. Carranza, organizando un pequeño ejército, se lanzó a luchar en contra del ilegal go-

[83] Krauze, Enrique, *Biografía de Zapata*, pág. 69.
[84] Millon, Robert, *op. cit.*, pág. 19.

bierno que había sido impuesto. Los gobernadores de todos los demás estados, menos el de Sonora, muchos de ellos probados maderistas, reconocieron al gobierno espurio de Victoriano Huerta.

Los levantamientos se generalizaron en diversas entidades del país, principalmente en Sonora, Chihuahua, Coahuila, Nuevo León, además de Morelos.

Carranza desata la lucha contra el gobierno huertista bajo la bandera del constitucionalismo; en marzo de 1913 lanza el Plan de Guadalupe, desconociendo al gobierno usurpador y autoproclamándose primer jefe de la revolución.

Los principales dirigentes revolucionarios del norte, Álvaro Obregón, Pablo González y Francisco Villa, reconocen el Plan y a Carranza. Sólo Pascual Orozco, quien en el Plan de Ayala fuese propuesto como jefe de la revolución, se había unido a los golpistas. Quizá los zapatistas habían simpatizado con él por su oposición a Madero, pero nunca imaginaron que se uniría a los reaccionarios. De inmediato lo desconocieron.

Para Emiliano Zapata lo más importante era el cumplimiento del Plan de Ayala y nunca tuvo nexos firmes con los constitucionalistas. Francisco Villa conservó completa independencia de acción, aunque reconoció el mando supremo de Carranza, pues comprendía la necesidad de unificar a todas las fuerzas participantes en la lucha contra el gobierno reaccionario de Huerta.

El Plan de Guadalupe no ofrecía al pueblo ninguna reforma social, éste sólo prometía la restauración del orden constitucional y el castigo de los traidores y asesinos de los primeros mandatarios del país. Se limitaba a ratificar el desconocimiento de Huerta; el de los poderes Legislativo y Judicial de la Nación, y a nombrar a Venustiano Carranza como primer jefe del Ejército Constitucionalista, sin contemplar un programa de reformas.

Carranza argumentaba que al ocurrir los sucesos de febrero de 1913, su carácter era el de gobernador constitucional de un estado, y no podía exigírsele dentro del radio de acción de dichas funciones, que ofreciera a la República otra cosa que lo establecido en el Plan de Guadalupe, esto es, el derrocamiento de Huerta, ya que como gobernador había prometido de manera solemne, cumplir y hacer cumplir la Constitución general. En cumplimiento de este deber y de tal protesta, estaba en la obligación de tomar las armas para combatir a los traidores, como representante de la legalidad, dejando claro que los rebeldes eran quienes usufructuaban el poder, tras el asesinato del presidente Madero. Además, decía, ése era el deber que le había sido impuesto por la legislatura de Coahuila.

Es de hacer notar que en el Plan de Guadalupe, Carranza retrocede con respecto al Plan de San Luis, en el que Madero, por lo menos, prometió la tierra a los que ilegalmente fueron despojados y fomentar la pequeña propiedad, mientras que en el Plan de Guadalupe, como ya dijimos, no se reivindica ninguna demanda agraria.

Así pues, Venustiano Carranza se presentó ante la nación como el defensor de la Constitución de 1857 y como representante de la legalidad rota por los golpistas, que habían contado en todo momento con el respaldo y el apoyo del embajador de los Estados Unidos. Carranza asumía el papel de defensor y continuador del régimen maderista.

El proyecto de Venustiano Carranza en 1913 respondía a sus concepciones políticas y éstas a su origen e intereses de clase. Carranza provenía de una familia de hacendados del norte. Bajo el régimen porfirista, a los 28 años, fue presidente municipal de Cuatro Ciénegas, Coahuila, su pueblo natal. Fue diputado local y diputado suplente federal, y más tarde, senador de la República, siempre durante el régimen porfirista.

Carranza era, como Madero, un terrateniente liberal, que rescataba las tradiciones juaristas, se oponía a la forma dictatorial que había adoptado el régimen político en México, rechazaba la desmedida subordinación a los intereses capitalistas extranjeros que caracterizaron al periodo porfirista y procuraba un desarrollo nacional que redefiniera sus lazos de dependencia del exterior, bajo mejores términos.

Sin embargo, Carranza no se planteaba ningún cambio en la estructura económica y social, tan sólo quería corregir algunos excesos y romper trabas que impedían el buen funcionamiento del mismo sistema.

Esta línea política lo llevó a oponerse al viejo régimen y a luchar junto con Madero por su derrocamiento, así como a luchar intransigentemente contra el golpe contrarrevolucionario de Victoriano Huerta, que no era más que una manifestación de fuerza de la vieja reacción porfirista, a la que las actitudes vacilantes y conciliadoras de

Madero no habían aplastado. Esta línea llevó a Carranza a la lucha por expulsar a Huerta del gobierno, al lado de Obregón y Villa, al mismo tiempo que en el sur luchaba Zapata.

Las diferencias políticas, ideológicas y de clase de estos líderes eran tan marcadas, y hasta antagónicas, que una vez logrado el objetivo común, vendría el enfrentamiento entre ellos, manifestándose el choque de proyectos políticos y de intereses.

Sin embargo, lo que Venustiano Carranza no inscribió en el Plan de Guadalupe, lo prometió posteriormente, el 24 de septiembre de 1913, después de que Emiliano Zapata y Francisco Villa habían roto con él y Carranza necesitaba ganarse a los trabajadores y aislar a las fuerzas campesinas.

En su conocido discurso de Hermosillo, Carranza declaró:

El Plan de Guadalupe no encierra ninguna utopía, ninguna cosa irrealizable, ni promesas bastardas hechas con intención de no cumplirlas. El Plan de Guadalupe es un llamado patriótico a todas las clases sociales, sin ofertas y sin demandas al mejor postor. Pero sepa el pueblo de México que, terminada la lucha armada a que convoca el Plan de Guadalupe, tendrá que principiar formidable y majestuosa la lucha social, la lucha de clases, queramos o no queramos nosotros mismos y opónganse las fuerzas que se opongan, las nuevas ideas sociales tendrán que imponerse en nuestras masas; y no es sólo repartir las tierras y las riquezas nacionales, no es el sufragio efectivo, no es abrir más escuelas, no es igualar y repartir las riquezas nacionales; es algo más grande y más sagrado; es establecer la justicia, es buscar la igualdad, es la desaparición de los poderosos, para establecer el equilibrio de la conciencia nacional [...] Tendremos que removerlo todo. Crear una nueva constitución cuya acción benéfica sobre las masas, nada, ni nadie pueda evitar. Cambiaremos todo el sistema bancario, evitando el inmoral monopolio de las empresas particulares que han absorbido por cientos de años todas las riquezas públicas y privadas de México. Ya de hecho hemos evitado la emisión, o el derecho de emisión, mejor dicho, de papel moneda por bancos particulares, que debe ser privilegio exclusivo de la Nación. Al triunfo de la revolución, ésta establecerá el Banco Único, el Banco de Estado, de ser posible, la desaparición de toda institución bancaria que no sea controlada por el gobierno [...] Nos faltan leyes que favorezcan al campesino y al obrero; pero éstas serán promulgadas por ellos mismos, puesto que ellos serán los que triunfen en esta lucha reivindicadora y social. Las reformas enunciadas se irán poniendo en práctica conforme la revolución avance hacia el sur, realizarán un cambio total de todo y abrirán una nueva era para la República.[85]

Como podemos ver, las promesas de Carranza en materia social eran completamente vagas y abstractas, no se comprometía con un programa concreto, sólo lanzaba discursos demagógicos.

Carranza, hábil político, sabía bien que si las amplias masas campesinas habían respaldado fervorosamente el levantamiento armado al que convocó Francisco I. Madero, fue en gran parte debido a que en el Plan de San Luis había demandado la restitución de las tierras de las que habían sido despojados los campesinos, o la indemnización por las que hubiesen pasado a terceras personas.

Félix Palavicini, íntimo colaborador de Carranza, señalaba en 1916:

> La astucia y virtud de Carranza en la política, no le ha permitido favorecer las bajas pasiones del populacho. Él jamás ha ofrecido un programa socialista, ni tampoco ha permitido que se distribuyan las tierras en forma desconsiderada, ni ha asegurado el dominio absoluto de los sindicatos de trabajadores, ni ha ofrecido saquear la riqueza de otros para satisfacer glotonerías impacientes y siempre se ha mantenido dentro de los límites de la realidad, no ofreciendo jamás, más de lo que puede cumplir y cumpliendo siempre, en forma infalible, lo que ofrece.[86]

Así, para no comprometerse y no malquistarse con las clases pudientes, Carranza posponía la definición de su programa social.

Aun cuando las diferencias entre zapatistas y villistas por un lado, y los carrancistas por el otro, aparecieron claramente desde el inicio de la lucha, jugaron un papel secundario mientras el objetivo principal de todos era derrocar a la dictadura huertista.

Las victorias militares de los constitucionalistas se sucedieron una tras otra, y al finalizar 1913 todo el norte estaba en su poder. El general Francisco Villa al frente de sus tropas obtuvo grandes victorias, como la de Torreón y la de Ciudad Juárez, y en pocos meses dominó Chihuahua, Durango y Zacatecas, esta última plaza aun con la oposición de Carranza, quien veía en la División del Norte un obstáculo

---

[85] Barragán R., Juan, *Historia del ejército constitucionalista,* tomo I, pág. 245.
[86] Millon, Robert, *op. cit.,* pág. 23.

para sus proyectos y a un enemigo potencial. Álvaro Obregón consiguió grandes triunfos en Sonora y Lucio Blanco en Tamaulipas y Nuevo León.

También los obreros jugaron un importante papel en la derrota de Victoriano Huerta. Al tomar el poder el usurpador, los patrones volvieron a tomar la ofensiva y el número de huelgas descendió. Sin embargo, el movimiento obrero no se paralizó por completo. "De febrero de 1913 a junio de 1914 se registraron 25 huelgas, con una participación de más de 16,000 obreros."[87] Entre ellas cabe mencionar la de los 5,000 mineros de Cananea que luchaban por un aumento salarial y se amotinaron ante la presencia de un piquete de soldados federales. También en esta etapa, las huelgas de los obreros textiles —que eran las más radicales— se hacen presentes. El 19 de agosto de 1913 estalla la huelga en La Hormiga y contra ellos manda Huerta pelotones de soldados de Contreras, San Ángel, Magdalena y Tizapán, resultando varios trabajadores heridos en el ataque.

Al usurpar el poder los neoporfiristas, volvía a levantarse con más fuerza la revolución; muchos obreros se incorporaron a la lucha armada, algunos mineros con las tropas de Obregón, contingentes ferrocarrileros con Francisco Villa.

Debido a esta situación, desde marzo de 1913 hasta febrero de 1914 se sucedieron muchas quiebras, cierres de fábrica y despidos masivos. A pesar de todo, en estos meses se fortaleció mucho la Casa del Obrero Mundial (COM), a la que se incorporaron varios pequeños sindicatos surgidos de las antiguas organizaciones mutualistas de obreros y oficios varios.

La represión contra obreros y campesinos era generalizada. En el campo, los federales tomaban medidas todavía más radicales y sangrientas. Para detener a los zapatistas, el general Juvencio Robles reanudó su política de "recolonización".

En el plazo de una semana, decretó que todos los habitantes de los pueblos, ranchos y demás poblaciones pequeñas tenían que "reconcentrarse" en la cabecera del distrito más cercana o en alguna de las poblaciones principales. Pueblos sospechosos de ser "nidos de bandidos" serían que-

---

[87] Ruiz, Ramón Eduardo, *La Revolución Mexicana y el movimiento obrero*, pág. 170.

mados y arrasados; y a todo aquel al que se sorprendiera en el campo sin un salvoconducto se le haría un juicio sumarísimo y se le ejecutaría. Por otra parte, para compensar en el norte las tropas así utilizados en Morelos, Huerta autorizó un aumento enorme de las levas en el estado. El aumento fue posible porque Robles sacó sus conscriptos de la población reconcentrada.[88]

En unos pocos meses, de mayo a julio, Robles deportó alrededor de 3,000 campesinos para ir a combatir al norte. Su política represiva lejos de debilitar la rebelión, la potenció aún más. Los campesinos huían de sus pueblos hacia los montes y las barrancas para esconderse en cuanto se acercaban las tropas federales. Muchos de ellos ya no regresaban y se unían a *"la bola"*.

Las mujeres no se quedaban atrás, incluso llegaron a formar su propio batallón de esposas, viudas, hijas y hermanas de los rebeldes que fue encabezado por *La China* y que se ganaron el respeto de todos.

Conforme se dio a conocer el Plan de Ayala, el zapatismo ganó adeptos en diversos estados como Michoacán, Estado de México, Guerrero, Tlaxcala, Puebla, Distrito Federal, Oaxaca, Hidalgo, Veracruz, San Luis Potosí, Durango y Chihuahua.

El primero de mayo de 1913, la Casa del Obrero Mundial acordó celebrar, por primera vez en México, el aniversario de los Mártires de Chicago, aun bajo las difíciles condiciones de una dictadura militar. Huerta, que se veía cada vez más aislado y débil, se vio obligado a tolerar la celebración.

La manifestación fue imponente, reunió a más de 20,000 obreros que desfilaron por las principales calles de la capital y culminó en el Hemiciclo a Juárez, con un gran mitin, en el que se demandó el derecho al trabajo, el descanso dominical, la jornada de ocho horas y se denunció la traición de Victoriano Huerta.

Esta acción tuvo grandes repercusiones. Según la prensa europea, ésta fue de mayor magnitud que la celebrada en varias ciudades del viejo continente.

Entusiasmada por el éxito de la manifestación, la Casa del Obrero Mundial convocó a un mitin en el teatro Lírico para el 25 de mayo.

[88] Womack, John, *op. cit.*, pág. 164.

Como la policía lo impidió, éste se realizó en la Alameda Central, donde hubo varios oradores, entre ellos Antonio Díaz Soto y Gama y Serapio Rendón. El primero sentenció que siendo el pueblo mexicano revolucionario por naturaleza no tardaría en echar por tierra al gobierno espurio y vil de Victoriano Huerta. Rendón llamó a éste "asesino de encrucijada".

A las pocas horas, la policía detuvo a numerosos obreros, aunque no hubiesen asistido al mitin, y expulsó del país a representantes extranjeros como Eloy Armenta y Santos Chocano. Serapio Rendón fue asesinado cobardemente por órdenes del dictador Huerta.

Mientras esto sucedía en la ciudad de México, Zapata continuaba su lucha. A fines de septiembre trasladó su cuartel general a Guerrero. El gran desarrollo de la revolución en el sur le permitía moverse libremente por varios estados, en una región que abarcaba desde el Distrito Federal, Morelos y Puebla, hasta Guerrero. A principios de 1914 prepararon su ataque a Chilpancingo, la capital de Guerrero, y en la mañana del 24 de marzo cayó la ciudad. La falta de municiones impedía un desarrollo más rápido de la lucha, que incluía el objetivo de tomar la ciudad de México.

Con la invasión norteamericana contra México, del 21 de abril de 1914, gran parte de las tropas federales fueron retiradas de la región hacia el Distrito Federal, para ser utilizadas en caso de emergencia. Prácticamente todo Morelos quedó en manos zapatistas.

En mayo, Zapata sitió Cuernavaca, donde quedaba la última guarnición de federales. Teniéndolos cercados envió fuerzas revolucionarias a operar al Distrito Federal.

En esta ciudad, en mayo de 1914 se fundó, afiliada a la Casa del Obrero Mundial, la Federación de Sindicatos Obreros del DF, que enarbolaba los principios de la lucha de clases, la socialización de los medios de producción, la acción directa, la eliminación de la intervención del Estado en los conflictos obrero-patronales, y propugnando por la huelga parcial y general revolucionarias. Esta Federación dirigiría en 1916 la más importante huelga general en la década.

Huerta se alarmó por el crecimiento y la fuerza de la Casa del Obrero Mundial, por lo que mandó la fuerza pública a clausurarla el 27 de mayo de 1914.

Los zapatistas tenían nuevos reclutas. Al cerrar Huerta la Casa del Obrero Mundial, varios de sus miembros más destacados, como Antonio Díaz Soto y Gama, Rafael Pérez Taylor, Luis Méndez y Mendoza y L. Schwardtfeger se unieron al Ejército del Sur. Eran anarcosindicalistas y traían una consigna: "Tierra y Libertad".

Cuando Pancho Villa tomó Zacatecas, Zapata ya tenía en jaque a la capital del país. Huerta trató de maniobrar para dividir a los revolucionarios del sur y del norte y propuso un pacto a los zapatistas, pero no cayeron en la trampa. Sólo exigían la rendición incondicional del usurpador. Por fin, el 13 de julio de 1914, Victoriano Huerta se vio obligado a renunciar, derrotado y humillado, y a huir del país en el *Ipiranga*, el mismo barco que exilió a Porfirio Díaz.

En lugar de Huerta, el ejército dejó en la presidencia al juez porfirista de la Suprema Corte que había negociado y firmado el "Tratado de Juárez", que fue una trampa en nombre de la dictadura porfirista. Desde ese momento los porfiristas trataron de engañar a Zapata y dividir a los revolucionarios, incluso Carbajal llegó a prometer que le entregaría a Zapata la capital, sus arsenales y su guarnición a cambio de que le dieran la palabra de que respetaría "las vidas y propiedades" de los residentes.

Zapata no quiso transar con los porfiristas. El 19 de julio, él y sus jefes principales definieron claramente su posición en un Acta de Ratificación del Plan de Ayala, en el que señalaban que buscaban el mejoramiento económico de la gran mayoría de los mexicanos y que se opondrían a "la infame pretensión de reducirlo todo a un simple cambio en el personal de los gobernantes". Declaraban que lucharían hasta que el contenido del Plan de Ayala fuera elevado a precepto constitucional, confirmaron la expulsión de Pascual Orozco y el nombramiento de Zapata como jefe de la revolución, y sostuvieron que lucharían hasta que todos los personajes que rodearon a Huerta fueran despojados de sus cargos.

Mientras tanto, los constitucionalistas se acercaban a la ciudad de México. Venustiano Carranza logró detener a Francisco Villa en el norte.

La División del Norte, que encabezaba Villa, había jugado el papel principal en la derrota del usurpador Victoriano Huerta. La toma de Torreón y Zacatecas le abrió el camino hacia la capital. Pero Carranza le ordenó que atacara Saltillo, la capital de Coahuila, en vez de dirigirse hacia el sur. Buscaba evitar que la División del Norte se abriera paso hasta la capital. Pancho Villa a regañadientes obedeció, pero cuando su ejército se acercó a Saltillo, los federales ya habían huido, como lo había previsto Villa, hacia Estados Unidos.

Villa regresó a Torreón dispuesto a lanzar a todas sus fuerzas contra Zacatecas, pero se encontró con la orden de Carranza de que sólo la brigada del general Pánfilo Natera, compuesta sólo por 6,000 hombres, se apoderara de Zacatecas, donde había fuerzas federales muy superiores.

Natera fue derrotado, entonces Carranza ordenó que se enviaran sólo 5,000 efectivos en su ayuda. Pancho Villa comprendió que lo que buscaba Carranza era enviar unidad por unidad a Zacatecas con el fin de desangrar a la División del Norte, debilitarla y detenerla para que no avanzara. De modo que, insubordinándose, Villa se negó a mandar refuerzos. Carranza, a su vez, se negó a autorizar que toda la División del Norte atacara Zacatecas, ante lo cual Villa renunció.

De inmediato, el "primer jefe" le aceptó la renuncia y ordenó que se reunieran todos los jefes de brigada para elegir un nuevo comandante, pero los oficiales de la División del Norte reunidos en Consejo Militar le comunicaron a Carranza que le habían pedido a Villa que siguiera al frente de la división. Carranza dispuso que el Consejo Militar mandara una delegación a tratar con él en Saltillo la situación. Pero el Consejo Militar confirmó a Villa en el mando y ordenó que toda la división, compuesta de 23,000 hombres, se dirigiera a Zacatecas.

Después de la toma de Zacatecas, Villa se propuso continuar el avance hacia la capital. Pero las tropas de Carranza comenzaron a detener los trenes que abastecían de carbón a la división. Villa tuvo que regresar a Chihuahua. El rompimiento entre Villa y Carranza era un hecho.

El 8 de julio se reunieron en Torreón enviados plenipotenciarios de la División del Noroeste con la representación de la División del Norte para solucionar el conflicto.

De estas negociaciones resultó un acuerdo conocido como el Pacto de Torreón,

que corroboraba la calidad de Carranza como jefe del movimiento constitucionalista y confirmaba a Villa como comandante de la División del Norte. La división era transformada en cuerpo de ejército, Pancho Villa adquiría el grado de general de división y don Venustiano el de presidente provisional, con la obligación de realizar elecciones. Todos los jefes revolucionarios perdían el derecho de presentar su candidatura a la presidencia y se especificaba que debía convocarse a una convención para elaborar el programa de acción del futuro gobierno.[89]

Al ser detenidas en el norte las fuerzas de Pancho Villa, Álvaro Obregón pudo dirigirse al centro, tomó Guadalajara, Guanajuato y después Querétaro. Tenía abiertas ante sí las puertas de la ciudad de México.

Mientras tanto, Zapata, que ya estaba sobre la capital, se mantuvo firme en su negativa de negociar con los porfiristas, por lo que éstos decidieron tratar única y exclusivamente con los carrancistas.

El 13 de agosto, aniversario de la caída de México-Tenochtitlan en 1521, se firmó en Teoloyucan, México, el rendimiento del ejército federal ante el general constitucionalista Álvaro Obregón, y la ciudad de México quedó abierta para los revolucionarios. Pero no para las fuerzas de campesinos e indígenas que encabezaba Zapata, sino para las de los rancheros norteños.

"De allí que muchos viesen como una bendición relativa que un hombre 'blanco' aunque no barbado fuese el primero en 'tomarla'. No faltó, en efecto, quien comparara a Álvaro Obregón con Hernán Cortés".[90]

[89] Lavretsky, I., *Pancho Villa*, pág. 116.
[90] Krauze, Enrique, *Biografía del poder. Álvaro Obregón.* FCE, pág. 33.

IV

La lucha por el poder

El 15 de agosto de 1914 entró Obregón a la ciudad de México. Ese mismo día Zapata tomó Cuernavaca. Resulta que Obregón no había invitado a los zapatistas a la firma de la rendición, ni siquiera como observadores, a pesar de que alrededor de la ciudad de México se podían observar en las noches las fogatas de sus campamentos. Efectivamente, los zapatistas llegaron hasta Topilejo e iban a tomar Xochimilco.

Emiliano Zapata estaba seguro de que serían ellos los primeros en entrar a la capital, incluso lanzó una proclama el 14 de julio en la que recomendaba a los revolucionarios evitar cualquier saqueo y respetar los intereses nacionales y extranjeros en la ciudad de México, advirtiendo que castigaría ejemplarmente a quien no cumpliera con estas disposiciones.

Pero el gobierno de Carbajal reforzó la guarnición incluso con marinos que venían de Veracruz. No quería que pasaran los zapatistas, pero las puertas de la capital estaban abiertas para los carrancistas. Una vez que se rindieron los federales, las patrullas zapatistas observaron que estas tropas no evacuaban las pequeñas poblaciones de la parte del sur del Distrito Federal donde estaban apostadas, hasta que llegaban los constitucionalistas para reemplazarlas.[91] Aun así, los zapatistas avanzaron hasta Contreras y Tizapán. Incluso a raíz de un tiroteo provocado por los carrancistas, el general zapatista Juan Banderas tomó San Ángel y llegó hasta San Jacinto.

---

[91] Magaña, Gildardo, *op. cit.*, pág. 240.

Al tomar los revolucionarios la capital, se enfrentaron a una disyuntiva: ¿Quién tendría el poder? Las distintas personalidades que habían destacado en la lucha tenían contradicciones entre sí, había diferencias que no eran personales, pero sí divergencias de fondo que representaban distintos intereses de clase.

Venustiano Carranza era un terrateniente que quería un cambio político, pero bajo las mismas estructuras económico-sociales. Deseaba restablecer la Constitución de 1857 e incluso actualizarla para que el sistema vigente funcionara mejor.

Álvaro Obregón representaba a los hombres de empresa del norte, rancheros, comerciantes, empresarios, que constituían una nueva burguesía favorable a reformar el sistema que destruyera el poder de los hacendados, para abrirles el camino del poder a los empresarios. Sí deseaban cambios estructurales, pero siempre y cuando éstos les dieran el poder a ellos y no a los campesinos u obreros, a quienes consideraban como hordas de salvajes que había que controlar.

Villa y Zapata representaban a los campesinos del norte y del sur, que tenían características distintas. En el sur todavía existían con mucha fuerza las comunidades que tenían raíces milenarias, en el norte eran peones, proletarios en territorios conquistados en contra de las tribus nómadas que existían ahí.

Por eso no es raro que se diera una alianza entre Villa y Zapata: tan pronto como Villa sobresalió en las campañas constitucionalistas, Zapata lo reconoció como jefe de igual rango que el de Carranza. Villa fue el primero de siete jefes a quienes envió a sus "embajadores" y en noviembre de 1913 comenzó realmente un enlace personal.[92] Gildardo Magaña fue su enlace.

Emiliano Zapata esperaba que Carranza cumpliera el Plan de Ayala. Era lo menos que podía pedir. Recordemos que en dicho plan se pedía la devolución de las tierras robadas por las haciendas, y que a éstas se les expropiara una tercera parte de tierra para repartirla entre los campesinos pobres. No podemos calificar dichas posiciones como radicales. Pero para los hacendados estas demandas eran inaceptables.

Carranza, después de bloquear la entrada de los zapatistas a la capital y ya ocupándola los constitucionalistas, se entrevistó seis veces

[92] *Ibid.*, pág. 241.

con los representantes de Zapata. Las dos primeras en Tlalnepantla y las otras en el Palacio Nacional.

La actitud de Carranza era hostil. Rechazó rotundamente el Plan de Ayala, indicando que la repartición de tierras era ilegal y declaró tener 60,000 rifles con los cuales sometería a los zapatistas. Durante la cuarta entrevista, se opuso a que éstos entraran a la ciudad de México porque, según él, eran bandidos y no tenían bandera.

Antes, necesitarían someterse incondicionalmente a su gobierno, reconociendo el Plan de Guadalupe. Por lo que respecta al Plan de Ayala, Carranza mantuvo su idea irrevocable, según relato de uno de los zapatistas presentes en estas pláticas:

> ... él no estaba dispuesto a reconocer nada de lo que el Plan de Ayala anunciaba, pues el ejército constitucionalista había luchado por otro plan, que era el de Guadalupe... que la devolución de tierras él la consideraba ilegal, porque era indudable que si a un terrateniente o a otra persona se le despojaba de sus propiedades, que de cualquier manera, pero apegadas a la ley, las había adquirido, tendría que protestar y con ello vendría una nueva lucha armada. Todavía dijo más: yo no puedo reconocer lo que ustedes han ofrecido, porque los hacendados tienen derechos sancionados por las leyes y no es posible quitarles sus propiedades para darlas a quienes no tienen derecho. Finalmente, como conclusión a sus aseveraciones, exclamó: La idea de fraccionar las tierras y repartirlas es descabellada. Dígame qué haciendas tienen ustedes, que sean de su propiedad, y que puedan repartir, porque uno reparte lo que es suyo, no lo que pertenece a otros.[93]

Luego mandó varios emisarios a hablar con Zapata. Fueron el Doctor Atl, Lucio Blanco, Juan Sarabia, Luis Cabrera y Antonio Villarreal. Su objetivo era lograr el reconocimiento de los zapatistas y que éstos no se fueran a unir con Francisco Villa, con quien ya tenía muy serias discrepancias. Carranza, además de no aceptar el Plan de Ayala, pretendía que se le reconociera como primer jefe de la revolución, y no quería tratar en pie de igualdad a los demás combatientes. Zapata invitó a Carranza a platicar con él en Yautepec y en Cuernavaca; si Madero había aceptado visitarlo, Carranza no tendría por qué negarse. Pero Carranza no aceptó más que enviar a sus representantes, ante

---

[93] Millon, Robert, *op. cit.,* pág. 26.

quienes Zapata insistió en el reconocimiento del Plan de Ayala y la renuncia de Carranza al Poder Ejecutivo.

El 5 de septiembre Carranza rechazó públicamente las condiciones de Zapata, lo que significó un rompimiento de hecho y el anuncio de una nueva guerra entre las distintas facciones de los revolucionarios que habían derrotado a Victoriano Huerta.

Zapata emitió disposiciones más radicales. El 8 de septiembre el Cuartel General de Cuernavaca promulgó un decreto para ejecutar el Artículo 8° del Plan de Ayala, en el cual se hablaba de que las personas que se oponían a la revolución de Ayala sufrirían la nacionalización de sus bienes rurales y urbanos. Era la primera vez que se contemplaba la expropiación de predios urbanos. Los jefes carrancistas también expropiaron propiedades urbanas, pero para ellos, no para los trabajadores. ¡Se quedaron con las mansiones de los ricos porfiristas, para vivir en esos palacetes!

> Obregón hizo suya la mansión de Alberto Braniff en el Paseo de la Reforma, Pablo González la de Fernando de Teresa en el pueblo de Tacubaya, el resto de los oficiales escogió la suya: el general Villarreal instaló su cuartel en casa de Íñigo Noriega, el general Buelna en casa de Tomás Braniff, el coronel Breceda en casa de Enrique Creel.[94]

Vasconcelos se quedó con la casa de Luz, hija de don Porfirio casada con Francisco Rincón Gallardo; Lucio Blanco tomó la residencia de José Yves Limantour, y así los demás jefes.

LA SOBERANA CONVENCIÓN REVOLUCIONARIA

Preocupado por la suerte del pueblo, más que por el botín a repartir entre los jefes, Francisco Villa se comunicó con Emiliano Zapata para informarle que se adhería al Plan de Ayala y para invitarlo a una convención que se realizaría en Aguascalientes.

El objetivo era reunir a todos los combatientes revolucionarios, para lograr una unificación y resolver la cuestión de cómo establecer un nuevo gobierno revolucionario.

---

[94] Tello, Carlos, *op. cit.*, pág. 94.

La junta a la que en primera instancia se había negado a asistir Zapata, cuando fue invitado en septiembre, se realizó el primero de octubre en la ciudad de México; en esa junta Carranza quiso imponer el reconocimiento a su autoridad como jefe supremo.

Carranza había aprobado el Pacto de Torreón en lo general, pero se había opuesto a la convocatoria de la Convención, proponiendo en cambio, convocar a una junta de generales y gobernadores. Al entrar a la capital, Carranza se había proclamado "jefe del Ejército Constitucionalista, investido del poder ejecutivo" y no como presidente provisional.

Él no quería el poder "provisional" sino definitivo. Un acuerdo que habían tomado Obregón, enviado de Carranza, y Villa, en el que se disponía que Carranza conservaría el poder hasta la elección presidencial, pero sin presentar ni él ni los demás jefes revolucionarios su candidatura, tampoco fue respetado.

El 22 de septiembre, Villa había publicado un manifiesto en el que "declaraba a Carranza traidor a la revolución y exhortaba al pueblo a destituirlo, formar un gobierno civil y realizar reformas sociales y económicas".[95]

Así que el primero de octubre se inauguró la Convención en la capital, sin la asistencia de Villa y Zapata. En la Convención varios jefes constitucionalistas que querían un arreglo entre los revolucionarios decidieron efectuar la reunión en un lugar neutral y citar a todas las fuerzas revolucionarias.

La junta se trasladó a Aguascalientes, a la que ya no asistió Carranza, e inició sus trabajos el 10 de octubre. El 14 los convencionistas se declararon como la autoridad soberana del país.

Al día siguiente, el general Felipe Ángeles se fue a Cuernavaca para invitar personalmente a los zapatistas a la Convención. Zapata no acudió pero envió una delegación encabezada por Paulino Martínez, Juan Banderas, Gildardo Magaña, Antonio Díaz Soto y Gama y otras 22 personas.

"El 19 de octubre, Villa se entrevistó con los delegados de Zapata que habían llegado a Aguascalientes; decidieron actuar en forma unitaria en la Convención".[96]

---

[95] Lavretski, I., *op. cit.*, pág. 119.
[96] *Ibid.*, pág. 122.

Carranza mandó un mensaje negándose a presentar un informe de la actividad del gobierno y ofreció su renuncia a cambio de que él, Villa y Zapata salieran del país. Sabía que no aceptarían su propuesta, ya Madero lo había intentado antes con Zapata y no lo había logrado.

Villa, indignado, propuso que lo fusilaran a él y a Carranza para acabar las disputas. La Convención, a propuesta de Álvaro Obregón, resolvió deponer a Carranza y destituir del mando a Villa eligiendo presidente provisional a Eulalio Gutiérrez, quien era un intelectual maderista muy vacilante, como después se vería.

La Convención había nombrado presidente de sus trabajos a Antonio Villarreal, el mismo que había ido a negociar a Cuernavaca con los zapatistas sin llegar a un arreglo, por lo que no le tenían confianza. Zapata declaró que mientras la Convención no aceptase el Plan de Ayala, él no le reconocería su legitimidad.

En la sesión del 28 de octubre, la Convención aprobó "en principio" los artículos 4°, 6°, 7°, 8°, 9° y 12° del Plan. La Convención era el gobierno efectivo de México en ese momento, lo que constituyó un gran paso.

Por cierto, que al presentarse ante la Convención, Antonio Díaz Soto y Gama por poco logra que lo linchen cuando, en vez de firmar en la bandera de México prometiendo cumplir y hacer cumplir las disposiciones emanadas de la Convención, como hicieron todos los jefes, fiel a sus convicciones anarquistas, declaró que era un trapo que nada valía.

Por lo visto, sin manifestarlo pensaban lo mismo Álvaro Obregón, Pablo González y otros, puesto que en vez de cumplir su promesa solemne, traicionaron a la Convención para irse del lado de Venustiano Carranza el 17 de noviembre.

Carranza desconoció los acuerdos de la Convención y se fue para Veracruz. Ante esta actitud la Convención revocó su acuerdo anterior en el que destituía a Francisco Villa y lo nombró jefe de las fuerzas armadas revolucionarias. El general Villa ordenó que éstas tomaran la capital.

El 25 de noviembre de 1914, entraron las primeras fuerzas zapatistas a México y al día siguiente entró el general Emiliano Zapata Salazar al frente de sus tropas en la capital de la República Mexicana.

Zapata, *El Atila del Sur* como lo llamaba la prensa, estaba en la ciudad. Los capitalinos, llenos de temor por la propaganda que durante años difundieron los poderosos, esperaban ver a una horda de salvajes, saqueadores, asesinos y violadores.

Cuál no sería su sorpresa al ver el respeto y buen comportamiento de los campesinos en armas. Los "bandoleros" eran en realidad personas dignas que humildemente pedían algo de comer, o unos cartones para echarse a dormir, sin tomar lo ajeno y paseando con timidez por las calles de la capital.

El día 4 de diciembre, en Xochimilco, se reunieron por primera vez Emiliano Zapata y Francisco Villa. Los dos jefes conferenciaron en las instalaciones de la escuela del pueblo. Allí decidieron unir esfuerzos contra los carrancistas. Zapata mandó traer coñac y le propuso a Villa, que no tomaba, un brindis por su "unión fraternal"; el revolucionario del Norte rompió su costumbre y por compromiso tomó el licor y casi se ahoga.

Los dos jefes que tantos problemas habían tenido con seudorrevolucionarios, que no eran sino políticos ambiciosos y traicioneros, se entendieron bien. Los dos estaban de acuerdo con el reparto agrario. Francisco Villa, según fragmento de la conversación extraída de la copia taquigráfica del diálogo, asentó: "Pues para ese pueblo queremos las tierritas. Ya después que se las repartan, comenzará el partido que se las quite."

Zapata dijo:

Le tienen mucho amor a la tierra. Todavía no lo creen cuando se les dice: "Esta tierra es tuya". Creen que es un sueño. Pero luego que hayan visto que otros están sacando productos de estas tierras; dirán ellos también: "Voy a pedir mi tierra y voy a sembrar". Sobre todo ése es el amor que le tiene el pueblo a la tierra. Por lo regular toda la gente de eso se mantiene.

Luego comieron juntos.

El 6 de diciembre la División del Norte y el Ejército Libertador del Centro y del Sur entraron unidos y festivamente a la ciudad de México. Visitaron el Palacio Nacional y se tomaron la histórica foto donde se observa a un sonriente Francisco Villa sentado en la silla presidencial, teniendo a su izquierda e inclinado hacia él en actitud seria a Emiliano Zapata, quien no se quiso sentar en ella. Más tarde dijo: "Deberíamos quemarla para acabar con las ambiciones."

En esa expresión y en otras, como la que repetía: "al que venga a querer tentarme con la Presidencia de la República, que ya hay algunos que medio me la ofertan, lo voy a quebrar", los críticos de Zapata, como Krauze, encuentran actitudes de "aversión a la política", "repugnancia ante el poder o incapacidad para conquistarlo", "rechazo a la autoridad".

En realidad Emiliano Zapata rechazaba la concentración del poder en una persona como sucede en las monarquías, las dictaduras o el presidencialismo mexicano, la política sucia, el poder despótico de los ricos, el autoritarismo de los que se esconden tras "la autoridad" para despojar a los pueblos.

Porque en Emiliano Zapata todavía estaban vivas las raíces del *calpulli*, donde el poder radicaba en los consejos, donde se resolvían las cosas en asambleas, luego de discusiones democráticas y en favor del pueblo, no en contra de él; donde las palabras y los hechos iban juntos sin "politiquerías". Le repugnaba el poder unipersonal, no el poder popular. Nadie como él reconocía y respetaba la autoridad cuando ésta representaba legítimamente los intereses del pueblo.

La fuerza y la unión que estaban alcanzando las fuerzas populares comenzaron a preocupar muy seriamente a los constitucionalistas. Entonces Carranza, que era un hábil político, consideró necesario dar un paso para ganarse a los trabajadores del campo y de la ciudad para que no se fueran a inclinar del lado de Zapata y Villa.

Después de romper con la Convención de Aguascalientes, al darse el enfrentamiento con los ejércitos campesinos de Zapata y Villa, don Venustiano consideró oportuno quitarles las banderas revolucionarias del reparto de tierra, a pesar de que en su momento, había calificado de "inoportuno" el reparto efectuado por el entonces constitucionalista Lucio Blanco, distribuyendo entre los campesinos las tierras de la hacienda Los Borregos ubicada cerca de Matamoros, al sur del río Bravo, propiedad del activo contrarrevolucionario, cómplice en el asesinato de Madero y Pino Suárez, y sobrino de don Porfirio, Félix Díaz.

Por cierto que, posteriormente, los carrancistas difundieron que la repartición de una parte de la hacienda Los Borregos que se realizó el primero de septiembre de 1913, fue el primer reparto agrario de la revolución. Lo cierto es que ya para esas fechas, Zapata había comenzado a repartir la tierra, y que por otro lado, Carranza había regañado a Lucio Blanco por realizar esa acción de justicia.

Conservador como era, no fue la convicción o el amor al pueblo sencillo lo que movió a Carranza, sino el cálculo frío. El 12 de diciembre de 1914, Carranza expide un decreto ampliando el Plan de Guadalupe, y en él se compromete a implementar

> leyes, disposiciones y medidas encaminadas a dar satisfacción a las necesidades económicas, sociales y políticas del país, efectuando las reformas que la opinión pública exige como indispensables para establecer un régimen que garantice la igualdad de los mexicanos entre sí, leyes agrarias que favorezcan la formación de la pequeña propiedad, disolviendo los latifundios y restituyendo a los pueblos las tierras de que fueron injustamente privados; leyes fiscales encaminadas a obtener un sistema equitativo de impuestos a la propiedad raíz; legislación para mejorar la condición del peón rural, del obrero, del minero y, en general, de las clases proletarias.[97]

Posteriormente, el 6 de enero de 1915, Carranza promulga una ley agraria, que de forma muy general disponía la devolución de las tierras expropiadas a las antiguas comunidades, reconociendo el derecho de todo campesino a un pedazo de tierra. Ordena la expropiación, por causa de utilidad pública, de la tierra indispensable para solucionar, como las circunstancias lo reclamaran, el problema agrario.

En esas fechas la correlación de fuerzas, en su enfrentamiento con Zapata y Villa, le eran desfavorables a Carranza, por lo que tuvo que maniobrar para atraer a su campo a las amplias masas campesinas y obreras. Para tal efecto, además de repartir una poca de tierra, las autoridades carrancistas abolieron en general la servidumbre por deudas y dieron pasos para introducir una legislación social en el campo; esto se dio específicamente en Tabasco y Yucatán.

DIVISIÓN ENTRE OBREROS Y CAMPESINOS

Para atraerse a los obreros, los constitucionalistas representados por Álvaro Obregón se acercarían más tarde a los trabajadores agrupados

---

[97] Barragán R., Juan, *op. cit.*, pág. 243.

en la Casa del Obrero Mundial, poniendo a su disposición locales elegantes como el Jockey Club, edificios como los del convento de Santa Brígida, y la imprenta del periódico *La Tribuna*, además de dinero para la Federación de Sindicatos Obreros del DF y promesas vagas de "mejorar, por medio de leyes apropiadas, la condición de los trabajadores, expidiendo durante la lucha todas las leyes que sean necesarias para cumplir con aquella resolución".[98]

Todo a cambio de la firma de un convenio en el que se comprometían a la "lucha contra la reacción", o sea, contra Zapata y Villa, formando "batallones rojos" para combatir al lado de Carranza.

El drama se consuma. A pesar de que erróneamente la Casa del Obrero Mundial se había declarado mil veces apolítica y neutral y que consideraba que Carranza, Zapata y Villa "no perseguían sino encumbramientos, personalismos, que reducían la contienda a una lucha de ambiciones bastardas", sus dirigentes, ablandados por los regalos de Obregón, fueron convencidos por el Doctor Atl para dar un giro completo.

La firma del Pacto significó la ruptura de una posible alianza obrera y campesina y una división en el interior de la Casa. Numerosos sindicatos se negaron a seguir las consignas de los líderes, otros se dividieron, como sucedió en Orizaba, Puebla, Veracruz, entre los tranviarios del DF. También entre los obreros textiles hubo grandes reticencias a formar los llamados "batallones rojos".

Para "convencerlos", Carranza decretó un aumento salarial de 35%. Por fin cerca de 10,000 obreros integraron esos batallones. La política de Carranza fue la de dispersarlos. Formó seis grupos, enviándolos a San Luis Potosí, a Veracruz, dos a Orizaba y otros dos se juntaron a las fuerzas de Obregón. Estos "batallones" participaron en batallas cruciales contra las fuerzas de Francisco Villa, así combatieron a las tropas campesinas en Celaya, El Ébano y el sur de Veracruz. De esta forma los obreros en vez de apoyar, combatían a sus aliados naturales, y propiciaron el triunfo de los constitucionalistas en los combates que marcaron el declive de la revolución popular.

---

[98] Basurto, Jorge, *El proletariado industrial en México. 1859-1930*. Instituto de Investigaciones Sociales, pág. 170.

Según lo acordado con los constitucionalistas, por donde pasaban los batallones rojos, hacían una labor de agitación, creaban sindicatos, estallaban huelgas. Esta labor proselitista disgustaba en extremo a Carranza. Publicaban dos periódicos, *La Vanguardia y Revolución Social*. Ya habían aparecido sucursales de la Casa del Obrero Mundial en 27 ciudades. Como resultado, se organizaron tal multitud de sindicatos de distintos gremios que era difícil encontrar alguna actividad que no contara con un sindicato.[99]

Al triunfar, Carranza, temeroso, decretó la disolución de los batallones. Después de que habían contribuido a su triunfo, los licenció regateándoles sus haberes y sin siquiera darles una compensación.

Una vez restablecida la paz, Carranza faltó a la palabra dada y trató de impedir el desarrollo sindical, ordenando a todas las autoridades carrancistas, detener y encarcelar a cualquier obrero que se obstinara en hacer labor de organización y propaganda sindical.

En Monterrey, el general constitucionalista Jacinto Treviño mandaría clausurar la Casa del Obrero Mundial y encarcelar a una muchedumbre de proletarios. Pero la crisis económica y la inflación se iban a agudizar y la agitación obrera no se detendría fácilmente.

De cualquier modo, los carrancistas lograron dividir en el momento clave a los obreros de los campesinos y a éstos entre sí, lo que marcó el rumbo de la revolución.

La Reforma Agraria en Morelos

Comenzando el año de 1915 se desarrolló la Reforma Agraria en Morelos y constituyó toda una revolución en la tenencia de la tierra. Fue un proceso en el que más que los burócratas o los generales, fueron los propios pueblos, las comunidades organizadas y a través de sus representantes las que jugaron el papel principal. También ellos determinaron las formas en la tenencia de la tierra.

Manuel Palafox, quien jugó un papel muy importante en este proceso, declaró en septiembre de 1914:

[99] *Ibid.*, pág. 117.

se llevará a cabo esa repartición de tierras, de conformidad con la costumbre y usos de cada pueblo... es decir, que si determinado pueblo pretende el sistema comunal, así se llevará a cabo, y si otro pueblo desea el fraccionamiento de la tierra para reconocer su pequeña propiedad, así se hará.[100]

Esta Reforma Agraria difería enormemente de la carrancista, que en el decreto del 6 de enero de 1915 dispuso que serían las autoridades estatales, civiles o militares quienes distribuirían la tierra a quienes la solicitaran. Dichas autoridades, muchas veces compuestas por gente que no era de la región, y que no conocía las costumbres locales, disponían de la tierra. Además Carranza señaló expresamente que la reforma no tenía como objeto "revivir las antiguas comunidades, ni crear otras semejantes sino únicamente de dar[...] tierra a la población rural miserable que hoy carece de ella[...]" Además señaló que "la propiedad de la tierra no pertenecerá al común del pueblo, sino ha de quedar dividida en pleno dominio[...]" [101]

Un grupo de jóvenes estudiantes de la Escuela Nacional de Agricultura, e ingenieros como Ignacio y Conrado Díaz Soto y Gama y Felipe Carrillo Puerto, formaron comisiones encargadas del deslinde y reparto de tierras, estudio de mapas, arreglo de transacciones entre los pueblos, levantamientos de planos, etcétera.

Las comisiones, de entre cinco y nueve personas, se instalaron en Tetecala, Jonacatepec, Yautepec, Cuernavaca, Cuautla y Jojutla. Tenían un local y ahí organizaban sus actividades.

Los pueblos que se habían apropiado ya de las tierras que reclamaban a las haciendas buscaban de esta manera legalizar sus apropiaciones, así las comisiones trabajando intensamente definieron los límites de la casi totalidad de 100 pueblos del estado, asignándoles la mayor parte de las tierras de cultivo, bosques y aguas. Se confiscaron las tierras sobrantes.[102]

Esta tarea no fue fácil, pues los mapas no eran muy precisos y daban puntos de referencia señalando como límites "una piedra grande",

[100] Magaña, Gildardo, *op. cit.*, tomo IV, pág. 314.
[101] Womack, John, *op. cit.*, pág. 225.
[102] Ulloa, Bertha, *op. cit.*, pág. 75.

"un amate frondoso", "un cerro boludo" o "una barranca honda". Los ayudantes tenían que consultar a los viejos del lugar e inclusive entonces no solían obtener datos precisos.[103]

La comisión respetó las costumbres locales al hacer sus levantamientos topográficos, pero aún así había conflictos y rivalidades entre los pueblos, había desconfianzas, pero gracias al trabajo recto y concienzudo, las comisiones se fueron ganando la confianza de los pueblos.

Casos como los del pueblo de Santa María, el mismo que fue incendiado por Robles y que llevaba décadas luchando por sus tierras contra la hacienda Temixco, que obtuvo la restitución de sus tierras, tuvo gran repercusión. Una vez que se fijaban los límites de un pueblo y se recuperaban de la hacienda vecina las tierras que había perdido, la comisión de distrito le daba autonomía.

El pueblo podía conservar las tierras en propiedad comunal o repartirla a título individual, según la costumbre y usos de cada pueblo. También se expropiaron y repararon los ingenios y destilerías que habían terminado en ruinas. Cuatro ingenios se echaron a andar en poco tiempo: los de Temixco, Hospital, Atlihuayán y Zacatepec. Meses más tarde empezaron a funcionar los ingenios de El Puente, Cuautlixco, Cuahuixtla y Santa Clara.

Las ganancias obtenidas se invirtieron en gastos de hospitales, cuarteles, y para socorrer a las viudas y huérfanos de los revolucionarios muertos en la lucha. En los ingenios los campesinos podían vender su caña, había trabajo para jornaleros sin tierra y entradas de dinero para financiar el movimiento zapatista.

Sin embargo, el cultivo de caña decayó, pues la mayoría de los campesinos se dedicaron a producir alimentos: maíz, frijol, hortalizas. Los mercados estaban muy bien abastecidos y los precios comenzaron a bajar.

Mientras, destacados zapatistas se fueron a la capital a participar en el gobierno de la Convención, como Gildardo Magaña, quien actuó como gobernador del Distrito Federal, Amador Salazar era el comandante de la guarnición de la capital y Manuel Palafox participaba en el gabinete. Entre tanto, Emiliano Zapata se fue a establecer su

[103] Womack, John, *op. cit.*, pág. 228.

87

cuartel general en Tlaltizapán. Ahí tenía su oficina donde recibía comisiones, arreglaba conflictos, escribía decretos y cartas. También se daba su tiempo para convivir con los campesinos, caracolear toros, montar a caballo, jugar a los gallos y hasta para engendrar dos hijos.

Sucedió mientras tanto, que el presidente Eulalio Gutiérrez, luego de haber sido designado por la Convención, traicionó a ésta y corrió a refugiarse con Carranza. Se designó como nuevo presidente a Roque González Garza. El enfrentamiento definitivo entre los constitucionalistas y los convencionistas se acercaba.

DOS PROYECTOS SE ENFRENTAN

Al recibir la plaza de la ciudad de Veracruz, después de que la abandonaron los invasores yanquis, Carranza obtuvo grandes cantidades de armamento que se había acumulado en el puerto, a donde llegaron más de diez barcos cargados de toneladas de equipo bélico que había comprado el gobierno de Huerta.

Este armamento, dejado por los norteamericanos, abasteció al jefe constitucionalista para derrotar al gobierno de la Convención y a sus principales defensores, Francisco Villa y Emiliano Zapata. Álvaro Obregón fue el encargado de dar batalla a Villa, a quien consideraban más peligroso. La División del Norte fue derrotada dos veces en Celaya, en el mes de abril y a principios de junio en León, Guanajuato. Obregón le ganó a Villa pero perdió un brazo en esa batalla. A partir de aquí, entre las tropas constitucionalistas y el ejército villista, la correlación de fuerzas comienza a favorecer a los carrancistas.

El 11 de julio, el carrancista Pablo González ocupó la ciudad de México. La Convención se retiró a Toluca. Los zapatistas regresaron a la capital, pero el avance carrancista era incontenible y el 2 de agosto llegó para quedarse. Después de la derrota de Celaya y de perder batalla tras batalla, el área de operaciones efectiva de la División del Norte de Francisco Villa había quedado reducida a los estados de Chihuahua y Durango.

Zapata siguió activo, se dedicó a combatir a los carrancistas cerca de la capital del Estado de México, y llegó a capturar a fines de septiembre la planta de energía eléctrica de Necaxa, que generaba la electricidad para la capital. Pero no podía conservar por mucho tiempo sus posiciones y fue desalojado por los carrancistas. Mas la lucha era constante; en otoño Zapata hizo incursiones desde Oaxaca hasta Hidalgo.

El 10 de octubre se dividió la Convención radicada en Toluca, el presidente y los villistas se fueron al norte, los zapatistas establecen la Convención en Cuernavaca. "No obstante, cuando se estableció en Cuernavaca el gobierno de la Convención, seguía contando entre sus miembros con algunos delegados villistas de los estados del norte y del centro".[104]

Al consolidar Carranza sus victorias militares, y presentarse como el garante de los grupos de interés económico, suscitó la confianza de Estados Unidos, cuyo gobierno encabezado por Wilson reconoció, de facto, al gobierno de Carranza, a quien surtió de armas prohibiendo, a la vez, todo envío de las mismas a los ejércitos revolucionarios.

Para contrarrestar el embargo estadounidense, Zapata instaló una fábrica de municiones en Atlihuayán, y su ejército continuó haciéndose de armamento, de la manera más común: arrebatándoselo al enemigo en el combate.

El 26 de octubre de 1915, ya dividida la Convención, su fracción zapatista expidió una ley agraria muy radical y publicó el Programa de Reformas Políticas y Sociales.

La primera reglamentó los principios del Plan de Ayala para llevarlos a la práctica, como leyes de aplicación inmediata, a fin de que la Secretaría de Agricultura fuera la agencia central de la reforma nacionalizadora del país, se ordenó la restitución de tierras, bosques y aguas usurpadas a comunidades e individuos; que los pueblos, rancherías y comunidades poseyeran y administraran sus terrenos de común repartimiento y ejidos en la forma que juzgaran conveniente, y que se expropiaran todas la tierras del país, excepto las de pueblos, rancherías y comunidades; y las que no excedieran del máximo fijado por la ley de acuerdo con su clima y calidad.

Los predios rústicos del enemigo se entregarían preferentemente a campesinos, aparceros y arrendatarios, todas las tierras cedidas eran inalienables y se podrían formar sociedades cooperativas con más de 20 lotes.

[104] Millon, Robert, *op. cit.*, pág. 31.

El Programa de Reforma Política y Social fue un amplio catálogo de promesas de legislación, pero la administración de la Reforma Agraria se suspendió en la segunda mitad de diciembre, porque Morelos volvió a ser campo de batalla.[105]

La lucha contra los hacendados fue una constante.

> El hacendado, proclamaban, el monopolizador de las tierras, el usurpador de las riquezas naturales, el creador de la miseria nacional, el infame negrero que trata a los hombres como bestias de trabajo, el hacendado ser improductivo y ocioso no lo tolera la revolución.[106]

Y esto incluyó a todos los hacendados. Krauze refiere que

> en Cuautla, no lejos de Tlaltizapán, cuartel del charro entre charros, un catrín de catrines que tenía la ciudad por cárcel, paseaba en el jardín sin que nadie lo molestara. El "mero jefe" lo protegía retribuyéndole favores pasados: Ignacio de la Torre.[107]

De esta manera, Krauze insinúa complicidad entre el hacendado porfirista y el jefe de la revolución del sur. De la Torre, el hacendado, yerno de don Porfirio estaba encarcelado en Lecumberri desde el verano de 1914. Zapata a mediados de diciembre de ese año lo sacó de ahí, "sin embargo no le concedió la libertad, lo hizo poner preso y lo mantuvo de cárcel en cárcel —recordó después Amada [Díaz]—, negándose a la entrevista que mi marido le pedía".[108] Ignacio de la Torre fue mantenido en cautiverio por Zapata hasta que escapó de Cuautla a fines de 1917, cuando los carrancistas tomaron la ciudad. Murió a los pocos meses en Nueva York. "Las dolencias que padecía, según Amada (su esposa, hija de don Porfirio), eran el resultado del trato que le dieron los zapatistas a lo largo de su cautiverio."[109] Muy distinta es la versión de la esposa de Nacho a la de Krauze, quien trata de crear la impresión de un Zapata agradecido y condescendiente con el hacendado De la Torre, por ejemplo, cita que: "en la boda de

---

[105]Ulloa, Bertha, *op. cit.*, pág. 76.

[106] Womack, John, *op.cit.*, pág. 243.

[107] Krauze, Enrique, *op. cit.*, pág. 97.

[108] Tello, Carlos, *op. cit.*, pág. 150.

[109] *Ibid.*, pág. 216.

Nachito con Amada Díaz, un caballo de la procesión perdió el paso y se desbocó. De pronto un charro decidido se abalanzó sobre él para amansarlo y evitar el desaguisado: era Emiliano Zapata". [110]

No hubo ninguna relación fraterna entre De la Torre y Zapata, ni "agradecimiento" de Emiliano hacia la familia del dictador Díaz. Dice el tataranieto de Porfirio Díaz, Carlos Tello Díaz:

> El odio que toda la familia tuvo por Zapata, *El Atila del Sur*, resulta de verdad extraordinario. Don Porfirio, que lo conoció, no fue nunca capaz de comprender su trascendencia: era, según él, nada más "un bandido". Amada, la más perjudicada, no le pudo perdonar tampoco su decisión de mantener en cautiverio a Nacho.[...] Los Díaz, sin que lo supieran, eran víctimas de sus instintos. Aborrecían en él al hombre que, más que cualquier otro, luchó por suprimir los privilegios de su casta. [111]

Pero los zapatistas no se ocuparon únicamente de la situación de los campesinos, también tenían en cuenta a los obreros, que por su parte seguían luchando. Desde mediados de 1915 la situación laboral empeora y comienzan a estallar huelgas en todo el país. Una de las primeras es la de los maestros de primaria que exigen el pago de los sueldos devengados, luego la de tranviarios, a quienes el gobierno les cierra el local sindical, luego los panaderos, etcétera.

En Guadalajara, después de que la huelga de tranviarios fue rota con esquiroles, se les unieron los electricistas. Los trabajadores que dejaron la ciudad sin servicios, estuvieron a punto de ser ametrallados. En el Estado de México, los mineros de *El Oro* iniciaron la huelga causando desperfectos en la maquinaria.

En el campo zapatista, preocupados por la situación del proletariado, discuten y aprueban el 7 de noviembre de 1915 un proyecto de la Ley General del Trabajo, en el que plantean reivindicaciones obreras muy trascendentes y claras. ·

Sientan las bases para un sistema de relaciones laborales en el que se elimine la explotación de las personas por las personas, ya que asientan que "todo hombre tiene derecho, conforme a las leyes de la naturaleza sobre todas las cosas producidas por su esfuerzo intelectual o físico", y que el Estado está obligado a garantizar a "todos los traba-

[110] *Ibid.*, pág. 216.
[111] *Ibid.*, pág. 216.

jadores el ejercicio de su derecho al producto íntegro de su trabajo procurando de una manera paulatina y progresiva, la socialización de los medios de producción".

También plantean que "dentro del inhumano y antieconómico régimen capitalista actual" hacen falta "medidas paliativas", mientras se llega a "constituir el Estado social que anhelamos". En este proyecto se decreta:

Artículo 1o. El derecho de todo trabajador al "producto íntegro de su trabajo"

Artículo 2o. Socializar en favor de cooperativas, las propiedades de las personas que fallecieren sin hacer testamento y sin dejar cónyuges, ascendientes o descendientes en línea directa.

Artículo 3o. Las propiedades antes referidas ingresarían al patrimonio municipal y serían explotadas por cooperativas de obreros.

Artículo 4o. También ingresarían al patrimonio municipal las industrias que constituyan monopolios en perjuicio del pueblo.

Artículo 5o. Los Ayuntamientos procurarán establecer fábricas o talleres para dar trabajo a todos los desempleados que tengan aptitudes y voluntad para ello. Estos centros de trabajo se establecerán con recursos del Erario Municipal y los salarios se pagarán con las utilidades.

Artículo 6o. Se establece la jornada de ocho horas.

Artículo 7o. El descanso dominical.

Artículo 8o. Un salario que alcance para la subsistencia de los trabajadores y sus familias.

Artículo 11o. Se prohíbe el trabajo nocturno y el trabajo de niños de menos de 14 años, debiendo éstos dedicarse a recibir instrucción.

Artículo 12o. Se prohíbe la vagancia y serán considerados vagos los que viven de sus rentas sin hacer un trabajo productivo y útil a la sociedad.

Artículo 13o. Se obliga a los patrones a tomar medidas de salubridad e higiene en los centros de trabajo.

Artículo 14o. Se fomentará la creación de sociedades obreras de producción, de consumo y de crédito, en todo el país.

Artículo 15o. La Ley General del Trabajo es de observancia para toda la república.

Mientras los zapatistas proclamaban estas medidas en favor de los obreros, Carranza, que siente que su poder se consolida, se quita las máscaras y procede a reprimir al movimiento obrero. En noviembre de 1915 militariza los ferrocarriles imponiéndoles una disciplina draconiana. A principios de 1915 disuelve los "batallones rojos".

Descontento por la labor de propaganda que realizaban en favor de la revolución social y la organización sindical, y temeroso de que cundiera la agitación obrera, no le basta con reprimir a los trabajadores, quisiera eliminar hasta sus malos pensamientos, pues ordena reprimir "toda idea disolvente".

En febrero, la Secretaría de Guerra mandó otros 20,000 soldados a sumarse a los 10,000 que se encontraban en el sur, y amenazó con usar los aviones recientemente adquiridos para bombardear a los zapatistas. Pero Carranza no utilizaba solamente la represión, seguía combatiendo a los agraristas con otra arma, la propaganda agrarista. La Comisión Agraria Nacional prometió que iniciaría los trabajos para la restitución y dotación de ejidos a los pueblos.

Los zapatistas respondieron con un manifiesto a la Nación en el que proponen la formación de comisiones agrarias, que invadan todos los estados de la República. Desde mediados de 1915 a mediados de 1916, el zapatismo comenzó a recibir golpes. Varios jefes de reciente ingreso aceptaron una amnistía que ofreció Carranza en agosto de 1915, lo más grave fue que Pacheco, el secretario de Guerra de la Convención, traicionó y se pasó al lado de Carranza. Para mala suerte, Amador Salazar fue muerto por una bala perdida.

Carranza, que ve cercano su triunfo sobre Villa y Zapata, manifiesta su desprecio hacia los campesinos en un discurso que pronunció el 2 de enero de 1916.

> El conflicto armado —dijo— casi ha llegado a su fin. Las fuerzas reaccionarias más importantes han sido derrotadas y dispersadas en el norte del país, pero aún queda una que es reaccionaria, que no es nada: el zapatismo, compuesta por hordas de bandidos, por hombres que no tienen conciencia y que no pueden derrotar a nuestro ejército pues son una nulidad como soldados, que lo único que saben hacer es volar trenes indefensos... pero que tendrán que desaparecer en cuanto el Ejército Constitucionalista se empiece a ocupar de ellos, lo que será muy pronto.[112]

---

[112] Millon, Robert, *op. cit.*, pág. 31.

El 2 de mayo de 1916, Pablo González toma Cuernavaca y en los días siguientes ocupa las principales poblaciones de Morelos, en su ataque usa un avión para bombardear al ejército del sur. Zapata sólo conserva Jojutla y su cuartel general en Tlaltizapán.

En 1916 se agudiza la crisis monetaria. Carranza expedía billetes en grandes cantidades, acelerando la inflación y la especulación. Sus billetes "infalsificables" se devaluaban con rapidez y no los recibían los comerciantes. Los obreros exigían que se les pagase en oro. Mientras hacían esto, los carrancistas practicaban continuas requisas para adueñarse de todos los objetos valiosos de oro y plata que pudiesen encontrar, por eso, la *vox populi* decía que "el águila carranclana es un animal muy cruel, come plata mexicana y caga puro papel". Esto causó gran inquietud obrera. En Veracruz tuvo lugar la primera huelga, pero con un rápido final "gracias" al apoyo de las bayonetas.

En la ciudad de México, estalla una huelga general en mayo de 1916, organizada por la Federación de Sindicatos Obreros del DF. Los huelguistas levantan el paro con la promesa oficial de que tendrían pláticas con empresarios y comerciantes para resolver el problema. En estas pláticas no se llega a ningún acuerdo.

El 31 de julio vuelve a estallar la huelga general en el Anáhuac. Los electricistas dejan a oscuras a la ciudad. Carranza convoca al comité de huelga para negociar, y a traición los encarcela. Manda ocupar militarmente el local de la Casa del Obrero Mundial (COM), el del Sindicato Mexicano de Electricistas y otros locales sindicales. Expulsa a los obreros del lujoso Jockey Club, que él les había dado antes. Y para cumplir la promesa hecha antes a la COM de "decretar leyes apropiadas para los trabajadores", desenterró un viejo decreto de 1862 que se había promulgado en tiempos de la Intervención Francesa contra salteadores y bandidos y lo amplía, condenando a la pena de muerte a los trabajadores que organizaran o apoyaran el estallamiento de huelgas o que impidiesen el trabajo de los esquiroles. Además decretó pena de muerte a los huelguistas que dañaran las propiedades de sus patrones durante una huelga y a los que causaran disturbios públicos. También estableció que la represión de tales "delitos" era de competencia militar. Por eso se utilizaban soldados para romper los movimientos y se llevaba a los huelguistas ante tribunales militares.

La luz se restablece el 3 de agosto, cuando Ernesto Velazco, dirigente del Sindicato Mexicano de Electricistas, cae en la trampa que le tendieron Carranza y el gobernador del DF, López de Lara, quienes de palabra le habían prometido que liberarían a todos los presos y resolverían favorablemente las demandas obreras si antes él ponía a funcionar el servicio eléctrico. Velazco lo hace y con esto la huelga fracasa.

La Casa del Obrero Mundial es definitivamente clausurada. Muchos electricistas fueron encarcelados para someterlos a Consejo de Guerra, acusándolos del delito de rebelión. Pero el ministerio público no le hizo el juego a Carranza y los puso a disposición de los tribunales de orden común. Por cierto que esto exasperó tanto a Carranza que "decidió que el abogado del ministerio público fuese encerrado e incomunicado quince días en la penitenciaría".[113]

De cualquier manera, Ernesto Velazco fue condenado a muerte y sólo lo salvó la infinidad de telegramas y actos de adhesión de las organizaciones obreras que llovieron sobre Carranza.

En tales condiciones surgía con claridad la necesidad de unir a las diversas organizaciones sindicales en una sola que aglutinara esfuerzos, coordinara acciones y canalizara la fuerza y potencia del proletariado hacia un objetivo común. Hacía falta la estrecha colaboración de los trabajadores del campo y la ciudad.

En marzo de 1916 se reúne en Veracruz el Primer Congreso Obrero Nacional con la asistencia de delegados de Puebla, Oaxaca, Hidalgo, Michoacán, Colima, Jalisco, DF y Veracruz. Este Congreso funda la Confederación del Trabajo de la Región Mexicana, y acepta como principio fundamental la lucha de clases y como finalidad la socialización de los medios de producción. Manifiesta como táctica de lucha la acción directa, renunciando a toda acción política o adhesión a cualquier partido. De esta forma, seguían prevaleciendo las viejas tesis anarquistas. Como secretario general de la Confederación fue electo Herón Proal.

Mientras tanto, el ejército constitucionalista invadía Morelos, comandado por el cruel y ambicioso general Pablo González, que se comporta como antes lo hicieron los ejércitos de Porfirio Díaz y Victoriano Huerta. Pablo González declara fuera de la ley a prácticamente todo el pueblo. "Cuando los carrancistas tomaron Cuautla, colgaron

<hr>

[113] Basurto, Jorge, *op. cit.*, pág. 182.

al cura de la parroquia por considerarlo espía zapatista".[114] Fusila prisioneros, "el 8 de mayo el general carrancista Rafael Cepeda reunió a 225 prisioneros y luego de hacerles juicios sumarísimos los fusiló a todos",[115] encarcela civiles y revolucionarios sin distinción y deporta a cientos de personas a Yucatán para realizar trabajos forzados.

A mediados de junio, toma a sangre y fuego el cuartel general zapatista que se encontraba en Tlaltizapán, matando a 283 personas, más de la mitad de las cuales eran mujeres y niños, y robándose un gran botín. Zapata y los hombres que le quedaban tuvieron que replegarse a las montañas.

Zapata ni en los peores momentos perdía los ánimos, entre batalla y batalla, en los ratos de calma, le gustaba organizar juegos con los jinetes. Practicaba "la ronda", que era un juego para jinetes con lazos. Francisco Mendoza, entrevistado décadas después, contaba que "a varios generales tumbaba con todo y caballo".[116] Parecía que las fuerzas zapatistas estaban liquidadas y la revolución popular derrotada por completo, pero no era así.

Pablo González se comportó en Morelos como un invasor que iba a aplastar la resistencia popular. Pero no lo logró. Siempre se portó como un saqueador. Impuso autoridades ilegítimas tanto al nivel estatal, nombrando gobernador al general Dionisio Carreón. Evitó la celebración de elecciones municipales y legislativas, que ya se efectuaban en otras partes de la República. "No restableció la constitución civil de Morelos, que Juvencio Robles había suspendido en 1913".[117]

Se dedicó al saqueo, robó las cosechas, el ganado, el azúcar y el alcohol que encontró en los ingenios, así como todo el material bélico que pudo, y muchas otras cosas. "En Tlaltizapán, por ejemplo, el botín constaba de seis furgones de papel, tres furgones de carbón y otros minerales, 5,000 barriles de pólvora, cargas de dinamita, nitroglicerina, mechas, casquillos, ácido nítrico y corteza de curtir, un va-

---

[114] Womack, John, *op. cit.*, pág. 249.
[115] *Ibid.*, pág. 249.
[116] Randall, R., *op. cit.*, pág. 82.
[117] Womack, John, *op. cit.*, pág. 255.

gón de azufre, 50 toneladas de cobre, cinco furgones de maquinaria para la fabricación de cartuchos, varias prensas de imprenta y un centenar de pieles".[118]

El botín que mandaban los carrancistas a la ciudad de México era de lo más variado. Según el testimonio de Alfonso Taracena, los soldados constitucionalistas llevaban "para vender a la ciudad de México: muebles, puertas y ventanas; maquinaria y otros artículos de hierro y bronce que pertenecían a los ingenios azucareros; campanas de iglesia, e incluso la tubería de plomo del alcantarillado".[119]

González amenazó a la población con grandes castigos si no entregaban a los zapatistas, pero durante año y medio la gente de Morelos había recibido beneficios del Ejército del Sur, se había cohesionado y fortalecido alrededor de la dirección revolucionaria de Zapata. Éste dispersó su ejército de 20,000 soldados y adoptó la táctica de la guerra de guerrillas. A principios de julio los zapatistas atacaron las guarniciones carrancistas de Santa Catarina y Tepoztlán, causándoles grandes bajas. Luego atacó en el Distrito Federal y llegó a Milpa Alta, donde capturó armamento antes de retirarse hacia Tlayacapan y Tlaltizapán.

A pesar de su deficiente organización, los hombres del Caudillo del Sur eran luchadores bastante eficaces y hábiles. Tendían trampas y emboscadas, cortaban las líneas de abastecimiento, tomaban pequeños poblados por sorpresa, destruían las unidades enemigas más pequeñas y acosaban a las grandes. Eran verdaderos expertos capturando los elementos de combate del enemigo y además fabricaban explosivos y cartuchos por cuenta propia. Fieles a los principios de la guerra de guerrillas, evitaban batallas formales con las principales fuerzas de los enemigos, hasta estar casi seguros de obtener la victoria, negándoles la oportunidad de destruirlos de un solo golpe.[120]

Un peligro que surgió entonces era el bandolerismo y la inactividad de algunos jefes zapatistas acobardados. En agosto Zapata condenó a los que se dedicaban a sobrevivir extorsionando a los pueblos y evi-

---

[118] *Ibid.*, pág. 256.
[119] Millon, R., *op. cit.*, pág. 36.
[120] *Ibid.*, pág. 33.

tando el combate. Amenazó a quienes permanecían inactivos y a la expectativa con expulsarlos del Ejército Libertador. Expulsó por cobarde a Lorenzo Vázquez a pesar de que había sido un hombre de sus confianzas. Luego hizo lo mismo con Leobardo Galván, que había huido a Guerrero. Estas medidas evitaron la desbandada de sus fuerzas.

Los constitucionalistas ofrecieron sobornos y amnistías a los que desertaran, pero los principales jefes zapatistas siguieron activos. Pedro y Francisco Saavedra en torno a Tetecala y Puente de Ixtla; Eutimio Rodríguez, Gabriel Mancera y Modesto Rangel alrededor de Jojutla; Zapata en Huautla, donde tenía su cuartel general; Mendoza en Jonacatepec; Fortino Ayaquica incursionaba en el noreste desde Tochimilco, Puebla; Vicente Rojas en Amecameca; Sidronio Camacho en Cuautla.

Desde Yautepec hasta Tlaltizapán actuaban Eufemio Zapata, Emigdio Marmolejo, Jesús Capistrán y Juan Salazar. Al norte de Yautepec y en torno a Tepoztlán, Gabriel Mariaca y los hermanos Timoteo y Mariano Sánchez. Genovevo de la O actuaba en el Distrito Federal, el Estado de México y el estado de Guerrero. Los ataques a las guarniciones constitucionalistas eran constantes.

La movilización era permanente y los constitucionalistas estaban perplejos. Todo lo que Pablo González tenía de ambicioso lo tenía de mediocre, pero también de cruel. No encontró otra salida que la de imitar al general Juvencio Robles. Ordenó la concentración de las familias rurales en las ciudades; continuó la práctica de incendiar pueblos, arrasar los montes, robar el ganado y las cosechas y llenar de gente vagones de carga para deportarlos del estado de Morelos.

Cuando en noviembre los zapatistas atacaron el ferrocarril de Cuernavaca, González decretó:

Todo individuo que directa o indirectamente preste sus servicios al zapatismo o a cualquier otra facción [...] hostil al Gobierno Constitucionalista, será pasado por las armas sin más requisitos que la correspondiente identificación. [...] Se aplicará también la pena de muerte sumaria a todo aquel que se aprehendiese en los caminos o veredas sin salvoconductos certificados por el cuartel general constitucionalista de Cuernavaca; todo el que anduviese cerca de las vías de ferrocarril y no especifique a satisfacción su presencia; todo el que no se hubiese reconcentrado en poblaciones señaladas al respecto; todo aquel que hubiese entregado a otro su salvoconducto personal.[121]

El coronel Jesús Guajardo masacró el 30 de septiembre a hombres, mujeres y niños en Tlaltizapán pretextando que eran zapatistas.

Prosiguiendo su línea reaccionaria, lanza Carranza un decreto, el 19 de septiembre de 1919, para reformar la ley del 6 de enero, paralizando, de hecho, la Reforma Agraria y otorgando poder casi absoluto al Ejecutivo. Por otro lado, en varias regiones del país se comienza a devolver la tierra expropiada a los terratenientes.

Al mismo tiempo y en una línea opuesta, Emiliano Zapata proclamó el decreto del 8 de septiembre de 1914 donde "nacionalizaba las propiedades de los enemigos de la revolución y estipulaba que los fondos derivados de la venta de las propiedades urbanas deberían ser utilizados para formar instituciones bancarias dedicadas a fomentar la agricultura".[122]

La idea de Zapata era no sólo la de dotar de tierra al campesinado, sino también proporcionarle crédito. Asimismo, al nacionalizar las propiedades enemigas en vez de expropiarlas eliminaba el problema de las indemnizaciones. En una carta dirigida el 4 de septiembre de 1914 a Atenor Salas,

> Zapata rechaza la idea de que se deban de pagar indemnizaciones por tierras expropiadas. Sería poco práctico pagarlas, según la opinión de Zapata, en virtud de las grandes sumas de dinero que esto representaba y también hubiera sido injusto para los campesinos, ya que la tierra les pertenecía por derecho. Además el Estado habría tenido que gravar el trabajo del pobre con el fin de adquirir los fondos necesarios para pagar estas indemnizaciones.[123]

El 15 de septiembre Zapata decretó la importante Ley General de Libertades Municipales. En esta ley queda plasmado el proyecto democrático de Zapata, que reivindicaba la democracia directa y el control del poder desde abajo, desde los municipios. En ella se con-

---

[121] Womack, John, *op. cit.*, pág. 265.
[122] *Ibid.*, pág. 265.
[123] *Ibid.*, pág. 49.

sideraba la libertad municipal como "la primera y la más importante de las instituciones democráticas" y considera natural y respetable el derecho "que tienen los vecinos de un centro cualquiera de población para arreglar por sí mismos los asuntos de la vida común y para resolver lo que mejor convenga a los intereses y necesidades de la localidad".

Considera que "la libertad municipal resulta irrisoria, si no se concede a los vecinos la debida participación en la solución y arreglo de los principales asuntos de la localidad". Por lo que propone que los vecinos aprueben los asuntos más importantes de la existencia comunal. Según el artículo 7° las sesiones de los ayuntamientos deben ser públicas, y el 8° sostiene que todos los asuntos deben expresarse en la junta general de todos los vecinos. En el artículo 9° sostiene que las discusiones deben ser libres mientras las votaciones sean secretas. Se considera en el artículo 16 que los municipios deben tener fondos e ingresos propios, para lo cual habrá que reservar algunos impuestos, como los del ramo de abarrotes, comercio de artículos de primera necesidad, etcétera.

Estas disposiciones fortalecían el apoyo popular a la revolución y la participación de los vecinos en los asuntos de la comunidad.

Por otro lado, el 18 de abril de 1916 el gobierno de la Convención Revolucionaria Soberana dirigido por Zapata, publicó el Programa de Reformas Político-Social en Cuernavaca. "En éste declara que el fin supremo de la revolución es la distribución de tierras entre los campesinos, que los campesinos inmediatamente y por medio de las armas debían y podían recuperar las propiedades que les habían sido despojadas en la época de la dictadura, que el gobierno intervendría únicamente con el fin de legalizar las acciones de los campesinos, para extender títulos de propiedad definitivos y para calmar cualquier disputa con respecto a deslindes entre los pueblos, y que sólo el gobierno federal tenía competencia para llevar a cabo la Reforma Agraria en una manera armoniosa y justa, en virtud de que los gobiernos estatales estaban sujetos a las influencias y manipulaciones de los ricos y poderosos de la región.

La ley autorizaba a los pueblos que todavía no lo habían hecho, de acuerdo con las disposiciones del Plan de Ayala, a entrar inmediatamente en posesión de tierras, bosques y aguas que le habían sido arrebatados en el pasado "sin que fuera necesario esperar a que las autoridades les entregaran legítimamente lo que les pertenecía".[124]

Mientras que, en contraste, la ley carrancista del 6 de enero ponía en manos de los gobernadores la aplicación de la reforma agraria y limitaba las propiedades afectadas a las inmediatamente colindantes con los pueblos involucrados, por lo que se coartaba la movilización de los pueblos y se impedía una reforma agraria profunda.

Los conceptos zapatistas sobre la tenencia de la tierra no sólo contemplaban el acceso del campesinado a la tierra y al crédito. También fomentaban la creación de cooperativas de consumo y producción para que los campesinos pudiesen producir en mayor escala y con más rentabilidad.

Con las ganancias obtenidas por la venta de las propiedades urbanas expropiadas a los contrarrevolucionarios se formó una Caja Rural de Préstamos. "Este banco concedía préstamos a los poblados para la compra de aperos, animales de trabajo y semillas, así como para el sostén de los agricultores durante el tiempo de la siembra y hasta la cosecha".[125]

En su campaña contra el zapatismo, el general Pablo González dedicó a sus tropas a destruir los cultivos, a arrancar la caña de azúcar y a atacar a los animales de trabajo y a los hogares de los campesinos. González, impotente para vencer al zapatismo, le echaba la culpa a la falta de apoyo que recibía del secretario de Guerra Álvaro Obregón, quien estaba realizando esfuerzos para derrotar a Villa en Chihuahua y a Félix Díaz, que se había levantado en armas en Oaxaca.

Cuando Díaz se sublevó nuevamente, sus seguidores, los carrancistas y los diplomáticos norteamericanos pensaron que Zapata, quien estaba aislado, se uniría a la rebelión felicista, a la que se habían incorporado Higinio Aguilar y Juan Andrew Almazán. Pero Zapata se negó a establecer cualquier relación con los felicistas, pues representaban un movimiento reaccionario. El sobrino de Díaz quería restablecer el porfirismo.

Zapata buscó proteger a los pueblos y mantener el apoyo y la simpatía de la gente. Por eso adoptó como táctica el evitar los combates

[124] *Ibid.*, pág. 54.
[125] *Ibid.*, pág. 60.

en torno a las poblaciones y concentrarse en atacar las vías de comunicación, lo que tenía gran impacto en la ciudad de México y un impacto político nacional e internacional.

Por otro lado, también los constitucionalistas se vieron golpeados por epidemias como el paludismo, la disentería y la tifoidea, y por la falta de medicinas, ya que, por la corrupción que caracterizaba a las fuerzas carrancistas, se había desatado el mercado negro.

Con la derrota de Francisco Villa y su División del Norte; los golpes, el cerco y el aislamiento que sufría el Ejército Revolucionario del Sur, el que además por el embargo impuesto por Estados Unidos en su contra, no podía recibir armas ni municiones, Venustiano Carranza tenía el control del país.

V

La Constitución de 1917

El primero de diciembre de 1916 se reúne en Querétaro el Congreso Constituyente, convocado por Carranza en septiembre. Ahí presenta un proyecto de constitución que, como él decía, "respeta al espíritu liberal de la Constitución de 1857, introduciéndole tan sólo algunas reformas necesarias".[126]

Ese mismo día Zapata desata sorpresivamente una ofensiva desde Tlaltizapán, contra Cuernavaca, Yautepec, Jojutla, Jonacatepec, Axochiapan, Izúcar de Matamoros, Chietla y Atlixco, Puebla.

Mientras Zapata recurría a nuestras más profundas raíces mexicanas para establecer un nuevo orden, en su mensaje al Constituyente, Carranza proponía sustentarse en los mismos principios de la Constitución de 1857, la que según él "lleva indiscutiblemente en sus preceptos los principios de la Revolución Francesa, mismos que se practican en Inglaterra y Estados Unidos, países grandes y prósperos". El problema, según él, consistía en adecuar estos principios generales a las necesidades prácticas del pueblo de México.[127]

Prácticamente sugería continuar con el "presidencialismo" en México y no con el equilibrio de poderes que buscaba la Constitución de 1857, al proponer que la nueva Carta convalidara un Estado ejecutivo fuerte, de inspiración porfiriana, estableciendo la elección directa del presidente para que éste tuviera el apoyo del pueblo. Además am-

---

[126] Tena Ramírez, Felipe, *Leyes fundamentales de México (1808-1979)*, pág. 748.
[127] *Ibid.*, pág. 749.

pliaba las atribuciones del Ejecutivo capacitándole plenamente para decretar medidas administrativas y proponer nuevas leyes, limitando los poderes del Legislativo, para evitar que pudiera juzgar al presidente y a los altos funcionarios.

Defendía la idea de un gobierno fuerte, que para él no sólo era necesario en México, sino en toda Latinoamérica; según él, estos pueblos "han necesitado y necesitan todavía de gobiernos fuertes, capaces de contener dentro del orden a poblaciones indisciplinadas, dispuestas a cada instante y con el más fútil pretexto a desbordarse, cometiendo toda clase de desmanes".[128]

Carranza concebía al Estado como protector por excelencia de los derechos y las libertades individuales, sin considerar los derechos sociales. Por esto en su proyecto no incluye las reformas sociales, a las que les daba una importancia secundaria, sino tan sólo las políticas. Se manifestó por el equilibrio de poderes, la soberanía popular, la representación, los principios federales y liberales, pero siempre bajo la sombra de un Ejecutivo fuerte y un Estado centralizado.

Como representante de los terratenientes nacionales se manifiesta contra el poder del clero y del monopolio de la tierra por parte de extranjeros. Cabe mencionar que Carranza no se oponía a la existencia de compañías extranjeras, ni pensaba expropiarlas; se proponía, tal como Madero hizo en su tiempo, aumentarles los impuestos, ejercer cierto control sobre su adquisición de propiedades mexicanas y obligarlos a renunciar a su derecho de pedir protección a sus respectivos países.

Todas estas posiciones fueron aprobadas sin dificultad en el Congreso Constituyente. En donde fracasó el proyecto de Carranza fue en los aspectos agrario y laboral, ya que no era partidario de incluir en la Constitución las más elementales reivindicaciones obreras y campesinas. El artículo 27 que propone Carranza es el mismo de la Constitución de 1857, que "faculta para ocupar la propiedad de las personas sin el consentimiento de ellas y previa indemnización, cuando así lo exija la utilidad pública". Tan sólo le añade que "la declaración de utilidad sea hecha por la autoridad administrativa".

[128] *Ibid.*

En cuanto a los derechos laborales, Carranza sólo se refirió al factor trabajo en el último párrafo del artículo 5° y en la fracción XX del artículo 73. Sin mencionar los postulados que componen el artículo 123, aprobado posteriormente. En los artículos propuestos por don Venustiano, se daba facultad al Estado para otorgar los derechos obreros y campesinos, pero no lo obligaba, ni daba plazo para definirlos, ni los mencionaba concretamente.[129]

Tampoco mencionaba el proyecto de don Venustiano el carácter científico, democrático, nacional y social de la educación. Ni explicitaba que las riquezas del subsuelo son propiedad de la nación.

En resumen, todos los aspectos avanzados de los artículos 3°, 27, 123 y otros que caracterizan a la Constitución de 1917 estaban ausentes del proyecto del primer jefe.

Fue la fracción progresista del Congreso Constituyente, el ala radical pequeño-burguesa, la que recogió el espíritu de lucha de millones de campesinos y obreros que hicieron la revolución social, la primera del siglo, en todo el mundo. Estos logros se alcanzaron gracias a la enorme presión de la lucha de miles de obreros y campesinos, de miles de obreros, de Emiliano Zapata y Francisco Villa, lo que imprimió a la Constitución democrático-burguesa de 1917 su sello progresista, sus reformas sociales y antiimperialistas.

En el artículo 123 se garantizó, por primera vez, el derecho al trabajo, a la huelga, a la asociación, al salario mínimo que satisfaga las necesidades familiares, a la jornada de ocho horas.

Estos derechos fueron conquistados a través de lucha y sangre. Hoy permanecen en el papel, en los hechos, son negados uno a uno por el gobierno. Y en el fondo la negociación de esos derechos ya está en germen desde la legislación aprobada por Carranza.

El proyecto de Carranza fue modificado, se introdujeron elementos progresistas y otorgó derechos a obreros y campesinos, pero también se salvaguardó el régimen capitalista.

Por ejemplo, en el artículo 27 se introdujeron conceptos tan avanzados como el de la propiedad nacional del subsuelo y aguas con carácter de inalienables, y además se estipula que los derechos de propiedad podrían ser modificados de acuerdo con el interés público. Estas

---

[129] Moctezuma Barragán, Pablo, *El proyecto de Estado en Venustiano Carranza*, pág. 18.

disposiciones sirvieron en décadas subsecuentes como base legal para la nacionalización de propiedades extranjeras y, en general, para la intervención del Estado en la economía.

Lo más avanzado de la Constitución se logró gracias a que en el Constituyente había individuos progresistas como Francisco J. Mújica, Heriberto Jara, Esteban Baca Calderón, Rafael Martínez de Escobar y Luis G. Monzón.

Pero la Constitución también salvaguardaba, por encima de todo, los intereses de los capitalistas y su sistema. El órgano zapatista *El Sur* denunciaba el 20 de abril de 1918 que Carranza "había engañado a los trabajadores con su legislación laboral. Por un lado, les concedía todo tipo de derechos, y por otro, declaraba que sólo podía considerar lícitas aquellas huelgas que estuviesen encaminadas a armonizar los derechos de los trabajadores con los de los capitalistas.

Por lo que hace a esta contingencia, el artículo de *El Sur* declaraba:

¡Armonizar los derechos del explotador y del explotado! ¡Conciliar el abuso con el derecho, la inequidad con la justicia, la inocencia con la culpa, la ignominia de los traficantes de esclavos del siglo XX con los derechos sacrosantos del proletariado, los autores de la civilización y los creadores de la riqueza humana!

Al otorgar al gobierno la opción de declarar ilegales las huelgas, continuaba el artículo, Carranza había destruido de *facto* este derecho, colocando así al trabajador en manos del capitalista.

Además, la cláusula en el artículo 123 de la Constitución de 1917, que estipulaba que los patrones podían despedir al trabajador por una causa justificada, permitía a éstos eliminar a cualquier obrero, ya que siempre puede encontrarse una "causa justificada". Pero además de esto, continuaba diciendo el artículo, los patrones habían formulado listas negras en las cuales aparecían los trabajadores que ellos consideraban que podrían causarles dificultades y en todas partes se les negaba trabajo. El artículo continuaba declarando: "¡Cuántos y cuántos magnates deben de estar bendiciendo a Carranza por sus generosas leyes que ofrecen al rico garantías tan preciosas contra el pobre y al poderoso contra el humilde!"[130]

[130] Millon, R., *op. cit.*, pág. 86.

El proyecto de Venustiano Carranza era el de los terratenientes liberales, que se oponían a una reforma agraria profunda y el de la burguesía que quería escamotearle al trabajador sus derechos más elementales.

LOS ZAPATISTAS SIGUEN LUCHANDO Y CONSTRUYENDO

La lucha zapatista continuó. Comenzando el año de 1917, los zapatistas habían tomado Jonacatepec el 7 de enero y Yautepec el 8 de enero, el 10 de enero Cuautla, a mediados de mes entraron a Tetecala y Miacatlán. Finalmente, llegaron a Cuernavaca y retomaron el poder en el estado. En Morelos y Puebla se establecieron las Asociaciones para la Defensa de los Principios Revolucionarios y en Tlaltizapán se instituyó el Centro de Consulta para la Propaganda y la Unificación Revolucionaria.

Las asociaciones eran organizaciones de tipo partidario que tenían, como misión fundamental, la educación popular en los principios revolucionarios a través de conferencias y lecturas, de explicar las declaraciones del cuartel general, de intervenir en la solución de la diferencias entre los vecinos y mejorar las escuelas. Establecieron escuelas primarias en cerca de veinte pueblos y hasta escuelas nocturnas para adultos.

Las Asociaciones, compuestas de revolucionarios que no hubiesen explotado a la gente y que residían en el lugar, buscaban que las autoridades civiles fueran respetadas como la máxima autoridad por los militares; ellas tampoco debían intervenir en los asuntos de gobierno. La mesa directiva de la Asociación, que duraba cuatro meses, era electa directamente por el pueblo y no podían reelegirse para el periodo inmediato. También intervenían en proponer candidaturas de autoridades que garantizaran los intereses del pueblo.

Zapata expidió una ley para elegir, por un año, a dos representantes por pueblo que asumieran la autoridad agraria para administrar la propiedad comunal. Debían ser personas honradas, naturales del pueblo y con residencia en él, durante los últimos cinco años.

El primero de marzo se desarrolló en Tlaltizapán una gran junta de jefes y secretarios, en la que el debate fue libre y animado. Decidieron no sustituir por el momento a la difunta Convención. Decretaron tres leyes muy importantes, una el 5 de marzo para proteger los derechos de los pueblos limitando a los militares. Otra, a fines de marzo, que definía al municipio autónomo como unidad nuclear del gobierno. Los municipios se unían a través de la presidencia de distrito, en el nivel superior estaría un gobernador que tendría que ejercer de acuerdo con un consejo de tres hombres.

Le daban enorme importancia a la participación popular y la fomentaban y organizaban realizando asambleas, siempre el 15 de cada mes; los delegados electos se reunirían en la sede municipal el día 20, y delegados municipales designados se reunirían en las cabeceras de distrito el día primero.[131] Así aparecieron estructuras claras de autoridad.

Dichas disposiciones no pudieron todas llevarse a cabo de manera estable, dada la situación extraordinaria que se vivía y las constantes amenazas de los carrancistas. John Womack afirma que "en la práctica el gobierno zapatista de Morelos en 1917, fue una serie de actos burdos y desarticulados".[132] Enrique Krauze recoge este juicio desafortunado que no toma en cuenta las condiciones en que vivían los zapatistas, completamente cercados, atacados constantemente y la falta de tiempo para poder desarrollar su proyecto innovador.

Ante la situación de extrema tensión, algunos jefes zapatistas traicionaron. Además del caso sonado de Francisco Pacheco, quien luego de sostener pláticas con el general Pablo González, permitió el acceso de los carrancistas a Morelos, se dio la destitución de Lorenzo Vázquez por "abandonar sin combatir la zona que tenía encomendada al sólo anuncio de la aproximación del enemigo".[133] Velázquez junto con Otilio Montaño —el mismo que ayudó a Zapata a redactar el Plan de Ayala— se rebelaron en Buenavista de Cuéllar.

Al ser sofocada la rebelión ambos fueron enjuiciados y ejecutados. "Todo hace suponer que estos dos generales ya estaban en pláticas con elementos carrancistas".[134] El tribunal que condenó a Montaño lo hizo porque los prisioneros de Buenavista lo acusaron de haber

---

[131] Womack, John, *op. cit.*, pág. 276.
[132] *Ibid.*
[133] *Ibid.*
[134] Espejel, Laura, *et al.*, *Emiliano Zapata. Antología*, pág. 340.

sido su director intelectual, de haber propuesto el lema y aconsejado que se rebelasen. A Montaño se le vio en Buenavista por lo menos dos veces en los últimos meses, unos informantes presentaron cartas escritas por él, que lo vinculaban a Vázquez. Lo más grave fue que durante la revuelta Montaño no se había reportado a Tlaltizapán, "sino que se había dirigido hacia la población rebelde".[135]

Zapata no quería juzgar a Montaño y retrasó el juicio; mientras éste se desarrollaba, se fue de Tlaltizapán. Una vez que se dio el veredicto, él lo asumió. Decía que podía perdonar cualquier crimen menos el de la traición. Otros oficiales se corrompieron, como Luciano Cabrera, que era uno de los más antiguos seguidores de Zapata.

En esas semanas fue asesinado el hermano de Emiliano, Eufemio Zapata, quien era muy valiente, pero también borracho e insolente. El 18 de junio cuando andaba borracho, se encontró al padre de Sidronio Camacho, que militaba en sus filas, y enojado golpeó al viejo. Su hijo se vengó matando a Eufemio. De cualquier modo, todavía más de 12 de los jefes importantes del zapatismo se mantenían firmes. Pero en el interior del Cuartel General se manifestó la crisis al dividirse los jefes en "aislacionistas", dirigidos por Manuel Palafox, y en "negociadores", encabezados por Gildardo Magaña. "El último buscaba alianzas con revolucionarios rebeldes a Carranza y con carrancistas descontentos, para ampliar el frente de batalla".[136]

Sin embargo, los zapatistas tuvieron un "respiro" con la salida de las tropas carrancistas durante casi todo el año de 1917. El primero de mayo de ese año, Carranza fue "electo" presidente de la República. Antes se había cuidado de que todos los demás candidatos a la presidencia se retiraran de la contienda.

En esta época, Zapata se preocupa grandemente por lograr la "unificación de los revolucionarios". Es Gildardo Magaña el encargado de negociar con las distintas fuerzas rebeldes. Trató de ganarse al carrancista Cesáreo Castro, comandante nacional en Puebla, a Domingo Arenas, quien había sido zapatista, y con quien finalmente se enfrentaron y mataron después de un tiroteo que se dio cuando Arenas trató de convencerlos de amnistiarse y dejar a Zapata. Luego busca-

[135] Womack, John, *op. cit.*, pág. 281.
[136] Espejel, Laura, *op. cit.*, pág. 343.

ron contactos con Vicente Segura y Lucio Blanco, quien estaba exiliado en Laredo, Texas. También contactaron a Alfredo Robles Domínguez, político conocido nacionalmente. Sólo rehusó Zapata entrar en alianza con los felicistas, pues si bien se oponían a Carranza con las armas, eran reaccionarios, se oponían desde la derecha, querían retroceder la historia hasta la época porfirista.

Sin embargo, la lucha se reanudó. A fines de año Pablo González lanzó su segunda ofensiva, y el 19 de noviembre de 1917 se apoderó de Cuautla.

A mediados de diciembre estalló una rebelión contra Carranza en Coahuila, su tierra natal. También hubo motín en Veracruz. Los zapatistas lanzaron dos manifiestos llamando a la unión de los revolucionarios, pero ambas sublevaciones fracasaron.

Magaña trabajó también para presentar a Carranza una propuesta de tregua, en la que se comprometían a no atacar al ejército carrancista a cambio de que se les reconociera su autoridad en Morelos y negociaran el establecimiento de un gobierno regular en el sur.

Carranza ignoró la propuesta. No estaba dispuesto a reconocer a Zapata, y declararía en esos días que "nunca había sido revolucionario, ni lo era, ni lo sería nunca. Que era ferviente constitucionalista, y se enorgullecía de haber restablecido el orden constitucional".[137]

El trabajo en pro de la unificación continuó. A finales de febero, Zapata le dio a Magaña autorización para tratar con oficiales carrancistas que se quisieran pasar al lado de la revolución. Los zapatistas redactaron un importante manifiesto en el que llamaban a los "hermanos de las ciudades" a unirse a "vuestros hermanos del campo" dirigido a los obreros y mineros en las ciudades.

También redactaron manifiestos en náhuatl para distribuirlos en Tlaxcala y Puebla. Estallan rebeliones contra Carranza en esos dos estados y en Guerrero y Tamaulipas.

El 25 de abril, en Tlaltizapán, Zapata firmó un documento reiterando sus fines:

redimir a la raza indígena, devolviéndole sus tierras, y por lo mismo, su libertad, conseguir que el trabajador de los campos, y actual esclavo de

[137] Womack, John, *op. cit.*, pág. 293.

110

las haciendas, se convierta en hombre libre y dueño de sus destinos por medio de la pequeña propiedad; mejorar la condición económica, intelectual y moral del obrero de las ciudades, protegiéndolo contra la opresión del capitalista; abolir la dictadura y conquistar amplias y efectivas libertades políticas para el pueblo mexicano.[138]

EL PELIGRO NORTEAMERICANO

La lucha por la unificación de los revolucionarios se le hizo más importante a Zapata cuando un norteamericano de apellido Gates le anunció que era inminente una nueva invasión norteameriana una vez que la Primera Guerra Mundial terminara. Zapata afirma en noviembre de 1918, "paréceme que una vez solucionada la cuestión europea, los Estados Unidos de Norteamérica se echarán sobre nuestra nacionalidad".[139]

Narra Enrique Krauze en la *Biografía de Zapata* que un "excéntrico periodista norteamericano, William Gates, había persuadido a Zapata de la inminencia de una invasión yanqui [...] Zapata le cree a pie juntillas [...] Fue entonces cuando Zapata sintió a México vagamente. Quizá por primera vez".[140]

El modo de presentar este episodio pinta a Zapata como un ingenuo, fácil de engañar, como si no tuviera elementos objetivos para temer una agresión norteamericana, además de insistir en su idea por demás falsa de un Zapata rabiosamente aislado y regionalista. Esta idea, según hemos documentado, es falsa y además la prevención de Zapata respecto a Estados Unidos estaba completamente justificada por múltiples hechos que conocía, independientemente de lo que Gates le dijera.

Veamos si no: México había sufrido la intervención yanqui en 1906, en 1914 y en 1916. Los norteamericanos estaban "preocupados", pues tenían propiedades rústicas en este país, superiores a los mil millones de dólares. La política de Estados Unidos hacia América Latina desde 1823 se regía por la famosa Doctrina Monroe que se resume en tres palabras: "América para los americanos".

---

[138] *Ibid.*, pág. 298.
[139] *Ibid.*, pág. 307.
[140] Krauze, Enrique, *op. cit.*, pág. 118.

Esta doctrina fue parte del mensaje del presidente James Monroe al Congreso de su país, que en lo esencial dice:

> Los Estados Unidos deben ser sinceros con aquellas potencias (europeas) con las que mantenemos amistosas relaciones y declarar que consideraríamos un atentado por su parte el extender su dominación a cualquier sector de este territorio, como peligroso para nuestra paz y nuestra seguridad.

Desde el momento en que hicieron esta declaración, comenzaron a expandirse a costa de los países de América Latina. A México le quitaron la mitad de su territorio, a Cuba después de su independencia de España la colocan bajo su dominación, que se concreta en la Enmienda Platt del 2 de julio de 1904, que en uno de sus artículos esenciales, el III, declara:

> El gobierno de Cuba consciente de que los Estados Unidos pueden ejercer el derecho a intervenir para la preservación de la independencia cubana y el mantenimiento de un gobierno adecuado para la protección de la vida, de las propiedades y de las libertades individuales, descargando de los compromisos impuestos a los Estados Unidos por el Tratado de París con respecto a Cuba, obligaciones que han de ser asumidas ahora por el gobierno cubano.

Por medio del Tratado de París, Estados Unidos había obtenido la anexión de Puerto Rico y la dominación cubana. La economía de Puerto Rico fue arrasada por el impacto de la nueva metrópoli que significó el triunfo del azúcar sobre el café, se transformó su estructura demográfica, y su política educativa y cultural fue sustituida por completo. En Cuba y Puerto Rico el sistema imperialista norteamericano realizó al máximo sus posibilidades: Los ferrocarriles privados de las grandes centrales azucareras, que eran ya casi todas norteamericanas, les aseguraban el monopolio de compra sobre las tierras. En Puerto Rico, cuando se introduce el azucarero, incluso cambia dramáticamente el paisaje de la Isla.

En 1904 cristaliza la política de Estados Unidos hacia Latinoamérica, con el corolario Roosevelt a la Doctrina Monroe, la política del "Gran Garrote". El presidente Theodore Roosevelt, temeroso de la amenaza de intervención de Inglaterra, Alemania e Italia en Venezuela para cobrarle unas deudas, había declarado que su país era el único que podía intervenir en los asuntos americanos y que tenía derecho de ser la potencia policía del continente y a intervenir por la fuerza en los países del sur para hacerles cumplir sus compromisos. En esa época, el imperialismo recurrió al control de aduanas, a la acción de los *mariners,* al derecho de intervenir unilateralmente, a la diplomacia del dólar, con objeto de consolidar la hegemonía continental de su país. Esta política imperialista de los Estados Unidos basada en el realismo político, fue bautizada como la política del "Gran Garrote": a su juicio, Estados Unidos no debía dudar en utilizar el *big stick* para imponer disciplina a las veleidosas repúblicas del sur.

En 1903, Estados Unidos quería firmar un tratado con Colombia que le permitiera, como al francés Ferdinand de Lesseps, construir un canal interoceánico paralelo a la línea ferroviaria. Lesseps, que realizó obras desde 1878 hasta 1889, fracasó finalmente, ante lo cual Estados Unidos quizo aprovechar la oportunidad.

Como el Congreso local no ratificaba el tratado, los Estados Unidos promovieron la separación del Departamento de Panamá de Colombia, además realizaron una movilización de buques de guerra para prevenir cualquier reacción colombiana con esta amenaza. El nuevo estado de Panamá, a cambio de un subsidio anual de los Estados Unidos y de que le garantizara su "independencia", le concedió a perpetuidad una zona de diez millas de ancho situada entre la capital de la nación y su principal puerto atlántico.

En Cuba, los Estados Unidos intervinieron continuamente apoyados en la Enmienda Platt. Los liberales piden en 1906 su intervención y colocan a Cuba bajo administración militar; en 1908 con una nueva ley electoral que los ocupantes proclaman candorosamente, *fraud proof,* triunfa la oposición liberal. Logran su objetivo. En todo el Caribe, los Estados Unidos ejercen, por largo tiempo, funciones que van desde la percepción de impuestos aduaneros y la protección militar de orden interno, hasta el completo ejercicio del gobierno.

En Nicaragua existía un gran interés por parte de los Estados Unidos de construir un canal alternativo al de Panamá. Con este motivo intervinieron en la expulsión del dictador liberal Zelaya en 1907; vuelven a enviar *mariners* a ocupar el país en 1909 y otra vez, en 1912, con el apoyo del conservador Adolfo Díaz.

El Partido Conservador les concede a los norteamericanos la autorización para construir un nuevo canal. Los *mariners* siguieron ocupando el territorio hasta 1933 con apoyo de los conservadores. Con esta intervención además "protegían" las inversiones norteamericanas en el país.

También intervinieron en Santo Domingo, primero en 1904 para obligarlos a cumplir sus deudas y "protegerlos" de los europeos. En 1912 hubo una revolución y Taft invadió con 750 *mariners* para restablecer "el orden" y "supervisar" el cobro de los impuestos aduanales. Las tropas norteamericanas volvieron a ocupar la capital en 1916 y ahí permanecieron hasta 1924.

De 1913 a 1915 reinó la agitación en Haití y se sucedieron cinco gobiernos, el último de ellos que comandaba el general Vilbrun Guillaume Sam, un tirano que fue derrocado por un motín popular en el que murió linchado.

En mayo de 1915 los Estados Unidos llevaron a cabo la ocupación militar del país, una vez más Wilson mandó a sus *mariners* e intervino en las aduanas "para garantizar" los empréstitos hechos al gobierno.

Además se enviaron consejeros financieros norteamericanos para organizar la administración del gobierno y se estrenó una fuerza represiva de seguridad nativa; en 1919 estalló una nueva sublevación que sofocaron los imperialistas yanquis, y la ocupación duró 19 años, hasta 1934.

El presidente Wilson, sucesor de Taft, quien instituyó la diplomacia del dólar que propició las intervenciones militares, era un puritano que creyéndose elegido de Dios para purificar el mundo, intervino en México contra Huerta, al que los mismos estadounidenses habían encumbrado, invadió Veracruz en 1914, y luego en 1916 penetró en México para perseguir a Francisco Villa.

Entonces, la unidad de los revolucionarios y la defensa de la nación frente a las amenazas de nuestros vecinos del norte, de la que tanto se ocupó Emiliano Zapata, estaba plenamente justificada. Y esta preocupación por la situación internacional no se daba porque al nivel local todo fuese sobre ruedas para los zapatistas. Los problemas no faltaban. En efecto, a principios de 1918 la situación era muy grave en Morelos. Las cosechas eran pobres, cundía la miseria y, para colmo, se habían desatado los robos.

El llamado a la unidad continuaba. Zapata le escribió a Felipe Ángeles y a Emilio y Francisco Vázquez Gómez. Incluso le escribió dos cartas a Álvaro Obregón. Pero no buscaba la unidad a toda costa ni con cualquiera.

Cuando unos norteamericanos le ofrecieron pertrechos militares y cincuenta mil dólares si se unían a Manuel Peláez que estaba en armas para proteger a las compañías petroleras extranjeras, Zapata, a pesar de la necesidad que tenía de armas y dinero, rechazó la invitación.

En septiembre de 1918, Zapata nombró a Alfredo Robles Domínguez como su representante en la ciudad de México. La situación era grave, sólo la unificación de los verdaderos revolucionarios podía crear una nueva correlación de fuerzas en favor del pueblo.

La amenaza que provenía del norte era real y la preocupación de Zapata fundada. La intervención de los Estados Unidos de Norteamérica y su propósito de subordinar a México, era un peligro que Zapata supo vislumbrar.

LA DERROTA POPULAR

Llegó el invierno, y la situación de los zapatistas se agravó por la epidemia de influenza española que se desató en toda la región. A los zapatistas les faltaban hombres y armas; seguían las deserciones, y Manuel Palafox huyó de Tochimilco para reunirse en Tlaxcala con Cirilo Arenas, hermano del difunto Domingo. En diciembre, cuando los zapatistas se hallaban extremadamente débiles, González arreció su ofensiva y desde Cuautla y Jonacatepec, ocupó las principales poblaciones del estado: Yautepec, Jojutla, Cuernavaca y Tetecala.

Pablo González ocupó todo el estado poniendo guarniciones en unas 50 poblaciones y reparó los ferrocarriles. Se apoderó de varias haciendas para rentarlas y hacerse de dinero, además, comenzó una política de repoblación trayendo gente de otros estados donde los campesinos no estuvieran contagiados de "zapatismo".

A fines de diciembre, Zapata y sus principales jefes, como De la O y Mendoza, ya se habían convertido en fugitivos. Pero todos los veteranos luchadores como ellos mismos, Ayaquica, Jesús Capistrán, Francisco Alarcón, Timoteo Sánchez, Gabriel Mariaca, Pedro y Francisco

115

Saavedra, Ceferino Ortega, Gildardo Magaña, Mejía y Marmolejo permanecían fieles a la causa. Sólo traicionó Victoriano Bárcenas.

Para febrero de 1919, Zapata insistió en la unificación y postuló al doctor Francisco Vázquez Gómez para la jefatura suprema de todo el movimiento revolucionario; Zapata no era ambicioso ni buscaba el poder supremo para sí, en ese entonces escribió: "Jamás he tenido más aspiraciones que las de ver a mi pueblo feliz y dueño absoluto del fruto de sus trabajos".[141] Pero la respuesta nunca llegó. El cansancio físico y moral de las fuerzas y de las poblaciones fue percibido por Zapata, por lo que tuvo especial cuidado en mantenerse presente en los combates, levantando así el ánimo de sus soldados.[142]

Mientras tanto, Pablo González había establecido su cuartel general en Cuautla y nombrado gobernador a su ayudante, el coronel José Aguilar.

Para la unificación de las fuerzas revolucionarias, era vital la unión obrero-campesina, pero ésta no se logró. El Segundo Congreso Obrero Nacional se había reunido en 1917. En esa reunión se dio un agudo enfrentamiento entre los anarquistas y los reformistas, que provocaba una división favorable a la burguesía.

En mayo de 1918 el Congreso Obrero se reúne por tercera ocasión en Saltillo, esta vez bajo el abierto patrocinio oficial y hegemonizado por el ala reformista que encabezaba Luis N. Morones, y surge la Confederación Regional Obrera Mexicana (CROM).

La década de auge del movimiento obrero, que es uno de los factores que provoca la revolución, y se desarrolla con ella, es finalmente controlada por la burguesía victoriosa, por medio de la represión desde fuera y con el triunfo entre las tendencias reformistas personificadas por el líder Morones —el primer "Fidel Velázquez"—, que con la CROM inauguró el sindicalismo corporativizado y sujeto al Estado capitalista. Pero también deja organizaciones importantes, como la Central General de Trabajadores (CGT), que en el nivel sindical continuaron la tradición combativa, aunque nunca pudieron hegemonizar la dirección del movimiento obrero. También creó el terreno para supe-

---

[141] Womack, John, *op. cit.*, pág. 311.
[142] Espejel, Laura, *op. cit.*, pág. 344.

rar el anarquismo y crear el primer partido marxista, el Partido Comunista Mexicano (PCM) en 1919.

La clase obrera tuvo un papel relevante en el estallamiento y triunfo de la revolución contra la dictadura porfirista y el usurpador Victoriano Huerta. Mas no jugó un papel dirigente en el desarrollo del movimiento para contribuir al triunfo de las fuerzas populares contra las nuevas clases explotadoras.

Esto se debe a que el proletariado era una clase muy joven y débil, tanto en número como en conciencia de clase y en su nivel organizativo, por lo que no estaba en condiciones de encabezar el proceso revolucionario. Entre el proletariado de reciente origen campesino y el artesanado, predominaba la ideología pequeño-burguesa, el anarquismo y sus variantes. El marxismo había sido muy débilmente difundido y con graves distorsiones. No existía el partido marxista del proletariado y ni siquiera se contaba con organizaciones sindicales bien consolidadas.[143]

El principal obstáculo ideológico para que el proletariado se convirtiera en la fuerza dirigente de toda la sociedad lo constituyó el anarquismo. Dado el carácter antiimperialista de la revolución y la necesidad de la unidad nacional contra los explotadores externos e internos, para construir un México independiente y libre de toda explotación y opresión, era preciso que el proletariado enarbolara la bandera de la liberación nacional y tomara en sus manos el destino de la patria, que desarrollara una lucha política por la toma del poder estatal, por la conquista de un gobierno obrero y campesino. Pero la prédica anarquista renunciaba por principio a toda lucha política, era contraria a la idea de la patria y a la defensa de la nación, rechazaba toda autoridad y todo gobierno. Lo que implicaba, de hecho, dejar a México y al gobierno en manos de los explotadores. Dejaba el destino del pueblo en manos de sus enemigos.

Era necesario que el proletariado construyese su propio partido de clase, pero el anarquismo combatía toda idea de partido, de organización política. Sólo aspiraba a la organización meramente sindical. Se precisaba la alianza obrero-campesina y la unión del pueblo, no el estrecho gremialismo, no el obrerismo.

---

[143] Moctezuma Barragán, Pablo, *op. cit.*, pág. 20.

Zapata vio claramente la necesidad de la unidad obrero-campesina. Por lo que el 15 de marzo de 1918 en Tlaltizapán, Morelos, lanzó su llamado a los obreros de la República, en el que dice:

> Hermanos de las ciudades, venid al encuentro de vuestros hermanos de los campos; hermanos del taller, venid a abrazar a vuestros hermanos del arado; hermanos de las minas, del ferrocarril, del puerto, salvad los ríos, las montañas, los mares y confundid vuestro anhelo de libertad con nuestro anhelo, vuestra ansia de justicia con nuestra ansia.

Les decía:

> Vosotros no podéis estar con vuestros enemigos. Vuestras reclamaciones son parecidas a las nuestras. Exigís aumento de jornal y reducción de horas de trabajo; es decir, mayor libertad económica, mayor derecho a gozar de la vida; es lo que nosotros exigimos al proclamar nuestros derechos a la tierra. Sólo que, menos tiranizados que nosotros, creisteis encontrar en el pacífico sindicato, la fórmula infalible que pusiera remedio a vuestros males; en tanto que nosotros no pudimos ni debimos pensar sino en las armas, en la rebelión abierta contra los conculcadores de nuestros derechos.

Y terminaba:

> [...] Que las manos callosas de los campos y las manos callosas del taller se estrechen en saludo fraternal de concordia; porque en verdad, unidos los trabajadores, seremos invencibles, somos fuerza y somos el derecho. ¡Somos el mañana! ¡Salud, hermanos obreros, salud, vuestro amigo el campesino os espera![144]

En su Manifiesto al pueblo mexicano decía:

> La revolución se propone: redimir a la raza indígena, devolviéndole sus tierras, y por lo mismo, su libertad; conseguir que el trabajador de los campos, el actual esclavo de las haciendas, se convierta en hombre libre y dueño de su destino, por medio de la pequeña propiedad; mejorar la condición económica, intelectual y moral del obrero de las ciudades, pro-

---

[144] Zapata, Emiliano, *Manifiestos*, Ed. Antorcha, pág. 63.

tegiéndolo contra la opresión del capitalista; abolir la dictadura y conquistar amplias y efectivas libertades para el pueblo mexicano.[145]

Llamó a una junta de jefes a fin de acordar un programa revolucionario para la nación. En el contexto señaló:

En cada región del país se hacen sentir necesidades especiales y para cada una de ellas hay y debe haber soluciones adaptables a las condiciones propias del medio. Por eso no intentamos el absurdo de imponer un criterio fijo y uniforme, sino que al pretender la mejoría de condición para el indio y para el proletario —aspiración suprema de la revolución—, queremos que los jefes que representen los diversos estados o comarcas de la república, se hagan intérpretes de los deseos, de las necesidades y de las aspiraciones de la colectividad respectiva [...] Reforma agraria, reivindicaciones obreras, purificación y mejoramiento de la administración de justicia, constitución de las libertades municipales, implantación del parlamentarismo como sistema salvador de gobierno, abolición del caudillaje en todas sus formas, perfeccionamiento de los diversos ramos de la legislación para que responda a las necesidades de la época y a las exigencias crecientes del proletariado de la ciudad y el campo: todo esto seriamente meditado, y discutido amplia y libremente por todos, formará la médula y el alma del programa revolucionario, la base y el punto de partida para la reconstrucción nacional.[147]

El 22 de agosto de 1918 lanzó un llamamiento patriótico a todos los pueblos engañados por el llamado gobierno de Carranza, en el que asentaba:

Carranza, en vez de satisfacer las aspiraciones nacionales resolviendo el problema agrario y el obrero, por el reparto de tierras o el fraccionamiento de las grandes propiedades y mediante una legislación ampliamente liberal, en lugar de hacer esto, repito, ha restituido a los hacendados, en otra época intervenidos por la revolución, y las ha devuelto a cambio de un puñado de oro que ha entrado en sus bolsillos, nunca saciados. Sólo ha sido un vociferador vulgar al prometer al pueblo libertades y la reconquista de sus derechos.

En cambio, la revolución ha hecho promesas concretas, y las clases humildes han comprobado con la experiencia, que se hacen efectivos

---

[145] *Ibid.*, pág. 64.
[147] *Ibid.*, pág. 67.

esos efrecimientos. La revolución reparte tierras a los campesinos, y procura mejorar la condición de los obreros citadinos; nadie desconoce esta gran verdad.[148]

Pero como ya vimos, los obreros carecieron de la conciencia y de una organización que respondiera al llamamiento zapatista. La prédica anarquista dominante entre los obreros en esa época, no podía penetrar y despertar la conciencia popular, pues no contaba con un programa y objetivos claros, su discurso era abstracto y doctrinario. Qué le podía decir al pueblo con volantes como *El grito rojo*, ampliamente difundido, que decía cosas como ésta:

> Un cielo cárdeno de infamias gesticula y puja, horriblemente amenazando destruirnos con sus rayos y su luz de avernos en explosiones nocturnales alumbra trágicamente los jarales donde habitan los judas convertidos en reptiles que se arrastran en fangosas convulsiones.[149]

Una de las razones de que los dirigentes de la Casa del Obrero Mundial optaran por la alianza con Carranza y no con las fuerzas campesinas de Villa y Zapata, después de haber tenido contacto directo con éstas durante su estancia en la capital, fue su fanatismo antirreligioso y apolítico. Despreciaban a los campesinos porque llevaban vírgenes en los sombreros y escapularios al cuello, y hacían repicar las campanas de los templos.

En cambio, el saqueo de imágenes y la ruptura de estatuas y cuadros religiosos a que se entregaron los miembros de la Casa del Obrero Mundial en el ex convento de Santa Brígida y el Colegio Josefino, los acercaban a las prácticas de los jacobinos carrancistas, mientras herían el sentimiento popular.

En contraste,

> Zapata expresó su creencia en la libertad de conciencia religiosa, y al mismo tiempo manifestó que reconocía el espíritu demagógico y contrarrevolucionario contenido en gran parte por la propaganda y las actividades antirreligiosas de los constitucionalistas. Según opinión

---

[148] *Ibid.*, pág. 72.
[149] Maldonado, Edelmiro, *Breve historia del movimiento obrero mexicano*, pág. 69.

de Zapata, el movimiento carrancista había desplegado una campaña antirreligiosa en la cual podían contarse la invasión a las iglesias, el incendio de los confesionarios y la destrucción de imágenes de santos, con el fin de disimular la falta de contenido revolucionario de sus programas económicos y sociales. Zapata ponía de manifiesto con profunda previsión, que "estos ataques al culto religioso y a la conciencia popular son contrapoducentes y perjudiciales, ya que no persuaden ni convencen a nadie. Lo único que hacen es exacerbar las pasiones, crear mártires, despiertan en forma más viva las supersticiones que desean combatir". Proseguían indicando que la revolución era, fundamentalmente, antifeudal en su contenido, y no antirreligiosa ni anticlerial.[150]

Finalmente, el anarquismo y el reformismo son dos caras de la misma moneda. Las posturas apolíticas y la renuncia a construir una política propia proletaria y popular, los arrastró a la cola de la política burguesa, al reformismo. Dialécticamente llevó del anarquismo de la COM al reformismo de la CROM.

La alianza obrero-campesina era la única base sobre la cual podía triunfar el movimiento zapatista; al no darse, la derrota era cuestión de tiempo.

La situación se agravaba. Pablo González tomó en 1919 el control del estado de Morelos, restableció las comunicaciones, reanudó el servicio de ferrocarriles, y se activó el comercio con el DF y Puebla. Pero no había obtenido la rendición de ningún jefe zapatista de importancia.

Sólo Manuel Palafox, que había traicionado a los suyos, se fue a Tampico, donde pidió protección del cabecilla Manuel Peláez. En Tochimilco subsistía aún el cuartel general zapatista. Zapata todavía tenía el respeto de la población. A principios de marzo recomendaba a sus jefes: "Al pedir de comer, lo harán con buenas palabras, que todo lo que deseen lo pidan de buena forma y siempre mostrando su agradecimiento [...] más bien nos tratemos, más pronto triunfaremos y tendremos a todos los pueblos de nuestra parte." A pesar de que se ofrecían fabulosas recompensas por entregar a Zapata, los pueblos lo seguían protegiendo y sustentando.

---

[150] Millon, R., *op. cit.*, pág. 83.

En los años de 1917 y 1918 los carrancistas en numerosas incursiones "mataron a muchos campesinos, quemaron las cosechas y ahuyentaron el ganado. El hambre y la miseria se extendieron por todo el estado como consecuencia de estos desmanes y saqueos".[151]

Se acercaban las elecciones presidenciales y Carranza necesitaba tener el control total del país. Veía en Zapata y Magaña una amenaza. Éste último mandó a su hermano Octavio a conferenciar con los elementos que impulsaban la candidatura de Álvaro Obregón para presidente de la República. La preocupación de Zapata por la unificación de los revolucionarios era grande y procuró tener todos los contactos con elementos progresistas para conformar un frente común. Era una táctica muy acertada, producto del análisis de la situación imperante en ese momento y no de la "desesperación". Basándose en su imaginación, Enrique Krauze sostiene que "una sola obsesión se apodera ahora de Zapata: Concertar alianzas. No hay jefe revolucionario o aun contrarrevolucionario con el que no intente de algún modo, por conducto de Magaña, pactar, incluyendo a Félix Díaz, Manuel Peláez, Álvaro Obregón y el mismísimo Carranza".[152]

Esta afirmación no tiene ningún sustento histórico. Zapata no aceptó ninguna propuesta de los contrarrevolucionarios como Peláez o Félix Díaz a pesar de que su situación era por demás difícil y éstos le ofrecieron pertrechos y dinero. Para reforzar la idea de un Zapata desesperado, Krauze apunta, refiriéndose a Zapata: "Los subalternos temblaban: se le observaba más histérico..., todo lo encolerizaba..., muchos jefes temían acercársele..."[153]

En cuanto a Venustiano Carranza, el 17 de marzo, Zapata le envió una carta muy enérgica al "ciudadano Carranza" pidiéndole que renunciase en bien del país e informándole que Vázquez Gómez podría concertar la paz y la unión revolucionaria. Magaña envió copias de este documento a los revolucionarios aliados y la distribuyó en la capital y otras grandes ciudades. Villa seguía levantado en armas en Chihuahua apoyado por Felipe Ángeles.

[151] *Ibid.*, pág. 39.
[152] Krauze, Enrique, *op. cit.*, pág. 116.
[153] *Ibid.*, pág. 116.

En el extranjero, William Gates daba buenos informes acerca de la supervivencia de la rebelión zapatista. Escribía: "La Revolución Mexicana (iniciada realmente por Zapata en 1909, antes de Madero) no terminará nunca hasta que los campesinos de las montañas de Morelos obtengan lo que les corresponde".[154]

[154] Womack, John, *op. cit.*, pág. 315.

VI

El asesinato de Zapata

Para Carranza, dadas las condiciones, era indispensable eliminar a Zapata. La oportunidad se presentó cuando Pablo González le ordenó al coronel Jesús Guajardo que atacase a los zapatistas en las montañas que rodean a Huautla.

En lugar de obedecer, Guajardo se fue a una cantina a divertirse y ahí lo encontró González a las pocas horas; enojado, lo hizo prisionero. Posteriormente, el general González lo liberó a condición de que asesinara a Emiliano Zapata.

A las dos y media de la tarde del 10 de abril de 1919, el general Emiliano Zapata Salazar fue asesinado en la hacienda de Chinameca. El Caudillo del Sur cayó en una trampa que le tendieron los carrancistas. Meses antes de su asesinato, Zapata sabía del descontento que existía en las filas gobiernistas, porque había promulgado un decreto reconociendo el grado de los oficiales carrancistas que se pasaron al zapatismo.

El coronel Jesús Guajardo fingió estar muy resentido con el general Pablo González y le mandó una carta al general Zapata, manifestándole estar dispuesto a pasarse a sus filas. Zapata, para ponerlo a prueba, le pidió que castigara a los soldados carrancistas comandados por el traidor Victorino Bárcenas, quienes bajo sus órdenes robaban, violaban, asesinaban y saqueaban en los pueblos de la región, y que se hallaban en ese momento en Jonacatepec. Guajardo tomó la población, mandó fusilar a Bárcenas y a 58 de sus hombres para que los zapatistas confiaran en él.

El 9 de abril en Tepalcingo, Morelos, se encontraron por primera vez Zapata y quien sería su asesino. Al día siguiente el jefe se dirigió a

Chinameca, donde Guajardo había quedado de entregarle 12,000 cartuchos. A su llegada, los hombres de Guajardo lo invitaron a encontrarse con él, supuestamente veía lo del parque. Zapata, montando un caballo alazán, el *As de Oros*, que le había regalado Guajardo el día naterior y acompañado sólo de diez hombres, se introdujo en la hacienda.

Al entrar al lugar,

> el clarín tocó tres veces llamada de honor, y al apagarse la última nota, al llegar el general en jefe al dintel de la puerta, de la manera más alevosa, más cobarde, más villana, a quemarropa, sin dar tiempo de empuñar las pistolas, los soldados que presentaban armas descargaron dos veces sus fusiles y nuestro inolvidable general Zapata cayó para no levantarse más.[155]

Venustiano Carranza premió al cobarde criminal ascendiéndolo a general y le otorgó 58,000 pesos; también premió con un ascenso a todos los soldados que colaboraron en la indigna traición.

El pueblo se negó a creer que Zapata había sido asesinado. Se decía que Emiliano había mandado a un compadre en su lugar. Que él no había muerto, que el cadáver no tenía la verruga que Zapata mostraba en el rostro, o una marca de nacimiento en el pecho, que no le faltaba la punta del dedo meñique de la mano.

Todavía décadas después, se decía en Morelos que Zapata no había muerto, que se fue a Arabia, donde se encontraba vivo.

Es difícil entender por qué Emiliano confió en Guajardo, él que era tan desconfiado, que nunca dormía entre sus soldados. Relata Francisco Mercado que en la noche decía: "Muchachos, aquí está bueno".

> Empezaba a dar vueltas allí para que todos desensilláramos, y nomás se nos desaparecía, adivine por dónde iba a dormir... ni el asistente se llevaba ni nada. A las cuatro andaba: "Ándenle, muchachos, ensillen, no nos vayan a agarrar con los calzones en la mano". Y ensillábamos para estar listos. Cuando amanecía ya estábamos listos. Eso sí, a las cuatro estaba allí con nosotros, pero en la noche, ¡sepa Dios! Le digo que era tan desconfiado que desconfiaba de todo.[156]

---

[155] Parte oficial sobre la muerte de Zapata.
[156] Randall, M., *op. cit.*, pág. 81.

Zapata murió por los pobres. Cuenta Francisco Mercado que

a los pobres los atendía más que a los ricos. Llegaba un pobre y le atendía como si fuera otro personaje. Es que a los pobres los apreciaba más que a los ricos. Eso lo vi. Respetaba mucho a los pobres. Casi por eso murió. Por querer defender a los pobres para que tuvieran sus tierras.[157]

Pablo González publicó un Manifiesto el 16 de abril en el que afirmaba: "Desaparecido Zapata, el zapatismo ha muerto". Se equivocó, en realidad el pueblo de México no ha permitido nunca que muera Zapata.

Jesús Sotelo Inclán relató en una entrevista que 20 o 25 años después de la muerte del general, la gente lo añoraba. Dice:

Yo vi llorar a indios, a campesinos, a hombres de 60, 70, 80 años, llorar al recordar a Emiliano Zapata. Una vez me iba a matar uno porque creyó que yo le iba a llevar noticias de Emiliano Zapata, me recibió en su casa, quería que le dijera si yo era mensajero de Emiliano Zapata para irle a decir que lo estaba llamando a la revolución otra vez.[158]

Todavía hoy gritan en las calles: "¡Zapata vive... la lucha sigue!"

EL SIGNIFICADO DE LA LUCHA DE ZAPATA

Quienes tratan de desvirtuar el enorme significado de la lucha zapatista, han presentado a Emiliano Zapata como un localista que sólo se preocupó por su región. Enrique Krauze, llevando esta posición al extremo, se aventura a plantear lo siguiente:

Cabe afirmar, por ejemplo, sin que para ello existan documentos probatorios, que la verdadera patria de Zapata no fue México ni el estado de Morelos, ni siquiera el distrito de Ayala, sino la tierra que lo nutrió: el coto particular, único, exclusivo, excluyente que llevaba a cuestas su his-

---

[157] *Ibid.*, pág. 53.

[158] *Entrevista a Jesús Sotelo Inclán*, realizada por Alicia Olvera de Bonfil y Eugenia Meyer, el 15 de enero de 1979 en la ciudad de México.

toria de agravios [...] Anenecuilco fue la verdadera patria de Zapata. De aquel pequeño universo no sólo conocía toda la historia: la encarnaba. Todo lo demás le era abstracto, ajeno.[159]

Desde luego que no hay documentos que prueben la afirmación de Krauze. Pero sí hay documentos y hechos a granel, que hemos expuesto, que prueban que Emiliano Zapata Salazar combatió conscientemente en defensa de México, luchó y murió por la liberación de México, no sólo del yugo de los terratenientes, sino también de las potencias extranjeras que pretendían y pretenden dominarlo.

Por eso, Zapata es uno de los símbolos mexicanos más actuales y vigentes, que nos impulsan a continuar las tareas que él dejó pendientes.

Emiliano Zapata comenzó su lucha como un líder local que defendía los derechos del pueblo de Anenecuilco, para pasar posteriormente a ser un dirigente de su estado y de su región, preocupándose por garantizar que la revolución y el Plan de San Luis se concretaran haciéndoles justicia a los campesinos de Morelos y de toda la zona en la que influía, luego se convirtió en un líder revolucionario nacional que propuso una profunda reforma agraria y política para todo México, trazando una estrategia concebida en términos nacionales e internacionales. Zapata postuló soluciones para los problemas económicos y políticos en el nivel nacional. Su profundo plan de reformas económicas, políticas y sociales para todo el país siempre fue más radical que el que proponía Carranza.

Sin recibir apoyo alguno de potencias extranjeras conquistó palmo a palmo una amplia zona del territorio mexicano. Siempre sufrió por falta de armamento y municiones, a pesar de lo cual llevó a cabo operaciones militares en una zona muy extensa que abarcaba Morelos, Guerrero, Puebla, Oaxaca, Estado de México, Tlaxcala, Hidalgo y Chiapas. Incluso hubo una pequeña tropa zapatista en Nuevo León y Tamaulipas.

Es claro que los zapatistas desarrollaron su lucha hasta donde sus fuerzas y posibilidades se lo permitieron y que su interés abarcaba todo el país. Pero no tenían las posibilidades de los villistas de surtirse

---

[159] Krauze, Enrique, *op. cit.*, pág. 40.

de armamento por conducto del ferrocarril de Ciudad Juárez, o de los carrancistas que recibían provisiones desde el puerto de Veracruz. Además los villistas "contaban con el ganado y el algodón de los estados de Chihuahua y Coahuila para financiar sus compras de armamento, y los carrancistas con el petróleo de Tampico y Veracruz. Los revolucionarios del sur no tenían esa facilidad.[160]

La preocupación de Zapata de defender los intereses nacionales se refleja, también, en sus relaciones internacionales y en los documentos como la "Exposición al Pueblo de México y al Cuerpo Diplomático", el envío de embajadores como el general Gerardo Amezcua a Cuba y Octavio Paz a los Estados Unidos. Su visión internacional queda plasmada en la actitud que tuvo hacia la Revolución Soviética. En una carta dirigida a Genaro Amezcua el 14 de febrero de 1918 le decía:

Mucho ganaríamos, mucho ganaría la humana justicia si todos los pueblos de nuestra América y todas las naciones de la vieja Europa comprendieran que la causa del México revolucionario y la causa de la Rusia irredenta son y representan la causa de la humanidad, el interés supremo de todos los pueblos oprimidos. Aquí como allá, hay grandes señores, inhumanos, codiciosos y crueles que de padres a hijos han venido explotando, hasta la tortura, a grandes masas de campesinos. Y aquí, como allá, los hombres esclavizados, los hombres de conciencia dormida, empiezan a despertar.[161]

Es indudable el interés de Zapata en el acontecer mundial. Las ideas socialistas —según su secretario Serafín M. Robles— le parecían a Zapata "buenas y humanas", pero sentía que no les tocaba a ellos llevarlas a la práctica, sino a las nuevas generaciones, y que para implantarlas, se necesitarían quién sabe cuántos años.[162]

La lucha que desató Zapata no era meramente local. La revolución que impulsó Zapata iba dirigida a romper con el principal obstáculo que impedía el desarrollo nacional: el sistema de haciendas y las relaciones de servidumbre, como lo eran el peonaje y la esclavitud

---

[160] Millon, R., *op. cit.*, pág. 101.
[161] Díaz Soto y Gama, Antonio, *op. cit.*, pág. 274.
[162] Millon, R., *op. cit.*, pág. 109.

por deudas. En agosto de 1914, Zapata proclamó un manifiesto al pueblo mexicano que decía:

> Sólo con completar la destrucción del viejo orden y la creación de uno nuevo con base en una redistribución radical de la tierra, sería suficiente para poner fin a la revolución. La nación exige algo más que cambios políticos y reformas tímidas, quiere romper de una vez por todas con el área feudal, que en estos días resulta un anacronismo; quiere destruir de un solo golpe las relaciones de amo y siervo y de capataz y esclavo, que son las únicas que rigen, por lo que respecta al sector campesino, de Tamaulipas hasta Chiapas y de Sonora hasta Yucatán.[163]

La reforma agraria tendría que acabar con el sistema semifeudal de producción en México. Así se podría crear un fuerte mercado interno y liberar a la fuerza de trabajo para que laborara en la producción industrial, el comercio, los servicios, etcétera.

También las empresas necesitaban un mercado libre del monopolio de las grandes haciendas, dónde vender sus productos y comprar la materia prima. Para el desarrollo agrícola le era "esencial acabar con el sistema semifeudal del producción agropecuaria con objeto de desarrollar un mercado interior para artículos industriales en el campo, para fomentar la producción de alimentos y materias primas para la industria."[164]

Estos objetivos también eran perseguidos por la burguesía que propiciaba el desarrollo capitalista del país, pero ellos a la vez que alcanzaban sus fines, necesitaban romper la unidad popular, en primer lugar la alianza obrero-campesina y luego las distintas fuerzas campesinas entre sí. Mientras que Zapata, que sabía que el país se encontraba en el marco de un sistema capitalista que emergía con fuerza, buscó defender y representar los intereses de los trabajadores creando condiciones para resistir la explotación, para propiciar la unidad popular y crear nuevas relaciones sociales más justas. Por eso impulsó las cooperativas de producción y consumo y el crédito para los campesinos y luchó por la unidad obrero-campesina.

[163] *Ibid.*, pág. 47.
[164] *Ibid.*, pág. 63.

El miedo a la revolución popular llevó a todos los gobiernos posrevolucionarios, desde Carranza hasta Obregón, Calles y los que le sucedieron, a realizar una reforma agraria y a tomar las medidas para liberar la fuerza de trabajo y garantizar mínimos derechos obreros de manera muy tímida.

A fines de 1919, el régimen de Carranza había distribuido la insignificante cifra de 173,000 hectáreas entre 51,400 beneficiarios. Hasta 1934 se habían repartido alrededor de 16 millones de hectáreas.

Fue hasta el gobierno de Lázaro Cárdenas cuando se realizó un importante reparto agrario que abarcó, tan sólo en su sexenio, 18 millones de hectáreas y un profundo cambio de estructuras económicas y sociales, que destruyó el sistema semifeudal y recuperó los derechos nacionales frente a las empresas extranjeras, reconociendo también, en la práctica, los derechos laborales conquistados por la Revolución. En la misma línea que Zapata, Lázaro Cárdenas fomentó la creación de cooperativas agrícolas que sumaron casi 500 durante su gobierno.

Pero Zapata no luchó solamente contra el sistema de haciendas y la explotación de las potencias extranjeras contra México, también luchó por la democracia política. Contra el presidencialismo, el centralismo burocrático, la imposición, etc. Zapata propugnaba por un gobierno que surgiera desde abajo, con amplio poder de decisión por parte de las comunidades y donde todas la leyes de importancia estuviesen sujetas al plebiscito del pueblo. Cuando en abril de 1913 Victoriano Huerta le ofrece que él nombre al gobernador, Zapata se niega y declara que jamás "usurparía esa facultad":

> [...] Yo —dijo—, en mi carácter de ciudadano y líder revolucionario, jamás me atrevería a designar a las autoridades políticas que deben ser nombradas por los representantes de una colectividad.[165]

En otra carta se manifiesta contra lo que hoy se conoce como "dedazo". Dice Emiliano: "El país está cansado de imposiciones, no continuará tolerando la imposición de amos y líderes, desea tomar parte en la designación de sus autoridades políticas".[166]

---

[165] Magaña, Gildardo, *Emiliano Zapata y el agrarismo en México*, tomo III, pág. 120.
[166] *Ibid.*, tomo V, pág. 108.

Otra forma de tratar de desprestigiar a Zapata es la de presentarlo como un caudillo ignorante, que se dejaba manipular por un grupo de intelectuales. Es cierto que intelectuales como Otilio Montaño, Gildardo Magaña, Paulino Martínez, Antonio Díaz Soto y Gama, Octavio Paz y otros lo ayudaron, pero como dice Díaz Soto y Gama: "Claro está que los que con él colaborábamos éramos quienes dábamos forma más o menos gramatical o literaria a dichos documentos, pero él era siempre el que daba las ideas que había que desarrollar".[167]

También Otilio Montaño ayudó en la redacción del Plan de Ayala, pero siempre plasmando y precisando las ideas de Zapata. No cabe duda de que Emiliano tenía ideas claras y justas, y era quien dirigía conscientemente su movimiento.

Con los años, mientras la figura de Emiliano Zapata crece y se populariza, se trata de distorsionar y minimizar su significado real, restándole el enorme contenido que tuvo, y olvidando las tareas que heredó a las futuras generaciones. Pero los mexicanos de hoy estamos rescatando y valorando la herencia que nos dejó, y que hoy necesitamos más que nunca.

Después de la muerte del general

Al ser asesinado Zapata, los antiguos leyvistas vuelven a ocupar los principales puestos en Morelos. En junio de 1919, Benito Tajonar es impuesto nuevamente como gobernador después de seis años de haber dejado el cargo. Desde 1913 estaban suspendidos los derechos legales del estado de Morelos y ni siquiera había planes para elegir una legislatura o un gobernador.

Los zapatistas siguieron en la lucha: cinco días después del asesinato de Zapata 34 jefes zapatistas lanzaron el "Manifiesto al pueblo mexicano", en el que juran ante la nación seguir fieles a la causa. Entre los que firmaron estaban Magaña, Mendoza, Capistrán, Saavedra, Ayaquica, de la O y otros veteranos. La población de Morelos continuó dando protección y apoyo a los zapatistas. Mientras tanto, Manuel Palafox,

---

[167] Millon, R., *op. cit.*, pág. 99.

quien había sido destituido, se ligó al reaccionario Manuel Peláez, pero no convenció a nadie para seguir sus pasos.

El 4 de septiembre de 1919, en una junta general de los principales jefes zapatistas, entre los que figuraban De la O, Magaña, Ayaquica, Soto y Gama, y donde Mejía y Mendoza mandaron lugartenientes, se eligió como nuevo comandante en jefe a Gildardo Magaña. Francisco Vázquez Gómez continuaba siendo reconocido como jefe supremo de la Revolución. Se le proponía como presidente provisional de la República.

Pronto, Gildardo Magaña dio la espalda a la grave responsabilidad que había adquirido, y pretextando "la situación internacional" y el peligro de intervención norteamericana, entró en contacto con Carranza y ofreció rendirse. Ayaquica en Puebla se rinde públicamente. Esto obliga a Genovevo de la O a lanzar en diciembre un "Manifiesto a la Nación Mexicana" acusando a Magaña y Ayaquica de traidores y judas.

Carranza seguía sin permitir que hubiese elecciones en Morelos. El gobernador impuesto, Tajonar, realizó una "reforma agraria" que permitió el resurgimiento de los hacendados y que los militares carrancistas se apoderaran de la industria azucarera.

Cuando empezó a tomar cuerpo la rebelión de Álvaro Obregón, Magaña, con un buen olfato, da un rápido viraje y se alía a los obregonistas. Entonces colocó a los zapatistas a la cola de los constitucionalistas aceptando, como justamente criticaría Francisco Vázquez Gómez, "un carrancismo sin Carranza".

Obregón y el "Grupo Sonora" se levantaron en armas contra Carranza efectuando la famosa "huelga de generales" y lo asesinaron. Ellos buscaban, de acuerdo con sus intereses de clase, realizar ciertas reformas establecidas en la Constitución de 1917 a las que se oponía Carranza, para eliminar el sistema de haciendas y dar paso a un nuevo sistema. Era la nueva burguesía posrevolucionaria la que tomaba las riendas de México. Era el grupo que poco después fundaría el Partido Nacional Revolucionario (PNR), luego Partido de la Revolución Mexicana (PRM), hoy Partido Revolucionario Institucional (PRI) para adueñarse del poder durante más de seis décadas.

Cuando Obregón tomó la capital, junto con él entraban De la O, Magaña y Soto y Gama. El 2 de junio los partidarios triunfantes del Plan de Agua Prieta desfilaron en el Zócalo. "Desde un balcón del Palacio Nacional, junto a Pablo González, que sonreía ligeramente se encontraba el rechoncho y moreno de la O."[168]

A cambio de la alianza zapatista, Obregón, una vez en el poder, destituyó a Patricio Leyva de la oficina agraria, licenció a las tropas revolucionarias y conservó a un pequeño número como policía rural. Realizó además una reforma agraria en la que se quitó a los pueblos la propiedad de la tierra, concediéndosela sólo en "usufructo", siendo propietaria "la Nación" y pudiendo intervenir la Secretaría Agraria para darla y quitarla según los intereses de los gobernantes en turno.

Aún así, la Comisión Agraria concedió a Anenecuilco títulos provisionales que le daban derechos sobre las antiguas haciendas de Hospital y Cuauhuixtla. No era una restitución como le correspondía, sino sólo una concesión. Se le dieron 500 hectáreas que luego se ampliaron a 700. Posteriormente, el 11 de abril de 1923 el pueblo recibió su título de propiedad definitiva constituyéndose en un ejido.

Hasta 1926 volvió a haber elecciones en Morelos. Pocos años después, 80% de las familias campesinas ya tenían tierras propias, que abarcaban 75% de las tierras labrantías.[169]

En 1935, durante el gobierno agrarista de Lázaro Cárdenas se concedió la ampliación del ejido; Anenecuilco dispuso entonces de 4,105 hectáreas. Francisco Franco representaba la conciencia de Anenecuilco, él había recibido los documentos antiguos de ese lugar directamente de manos de Zapata.

Pero la revolución fue traicionada. Llegó el gobierno de Miguel Alemán a fines de 1947, la policía de Cuautla entró a Anenecuilco y asaltó la casa de Franco.

> Se metieron y pidieron los documentos del pueblo. Trataron de dar muerte al viejo. Él y su familia se defendieron y la policía huyó. Esa noche llegaron tropas nacionales y abrieron fuego. Mataron a dos hijos de Franco, Julián de 22 años y Vírulo, de 17. Herido, el viejo trató de escapar, pero los soldados lo capturaron y lo remataron en un barranco cercano. Nunca encontraron los documentos.[170]

[168] Womack, John, *op. cit.*, pág. 359.
[169] *Ibid.*, pág. 368.
[170] *Ibid.*, pág. 377.

Este viejo fue fiel al legado de Zapata. No sucedió lo mismo con Nicolás, el hijo de Emiliano. Nicolás, que fue distinguido por llevar la sangre de Zapata concediéndole el gobierno diversos puestos, fue presidente municipal de Cuautla y diputado federal. Pero aprovechó su posición para enriquecerse a costa de los campesinos. "Casi todos los antiguos zapatistas murieron, como De la O en 1952".[171]

Para ese año, "más de 32,000 ejidatarios en más de 200 ejidos trabajaban cerca de 300,000 hectáreas de tierras de labor, bosques y pastos, lo cual representaba más de 80% de las tierras útiles". Pero ahora el nuevo azote de los campesinos era el Banco Ejidal, los campesinos se convertirían en peones de los bancos. Empezaron a proliferar los jornaleros y poco a poco se multiplicaron los asalariados. Ahora ya no los explotaba la hacienda sino el capital.

HEREDERO DE LA CAUSA

El árbol que sembró Zapata tiene raíces tan fuertes que no dejó de producir frutos. Rubén Jaramillo, por ejemplo, continuó la lucha zapatista durante décadas. Rubén nació en Tlaquiltenango, Morelos. Quedó huérfano de padre desde muy pequeño y su madre, la señora Romana Méndez, viviendo en las montañas para protegerse de los federales, no sólo alimentaba a sus cuatro hijos sino también a los revolucionarios zapatistas.

Pronto, en 1914, murió la viuda al ser picada por un alacrán en Los Elotes, del municipio de Tlaquiltenango. Al año siguiente, Rubén empuñó las armas convencido de las ideas revolucionarias de Zapata.

A los 17 años ya era un capitán con 75 soldados de caballería bajo su mando. Rubén se supo ganar el cariño de sus hombres y del pueblo en general, por su honestidad y lucha sincera.

Cuando los zapatistas se vieron derrotados, Rubén diseminó a su tropa, no sin antes advertir:

[...] el pueblo, y más las futuras generaciones, no permitirán vivir esclavas y será entonces cuando de nueva cuenta nos pondremos en marcha; y

---

[171] *Ibid.*, pág. 379.

aunque estemos lejos los unos de los otros no nos perderemos de vista y llegado el momento nos volveremos a reunir. Guarden sus fusiles cada cual donde los puedan volver a tomar.[172]

En septiembre de 1919, después de que fue asesinado el general Emiliano Zapata en Chinameca, Jaramillo fue preso en una emboscada, cuando se dirigía a Telelcingo y conducido prisionero a Cuautla. Los carrancistas lo torturaron, pero no lograron que les dijera dónde se encontraban los campamentos revolucionarios. Fusilaron a sus compañeros, pero no a él, pues tuvieron miedo, ya que disfrutaba de gran prestigio popular.

Al terminar la revolución, Jaramillo continuó su lucha. En 1921 logró que 2,000 hectáreas de la hacienda de San Juan Reyna fueran recuperadas para los campesinos. Luego durante años luchó contra los acaparadores de arroz en Morelos, fundó la Sociedad de Crédito Agrícola de Tlaquiltenango, desde donde se enfrentaba al Banco Nacional de Crédito Agrícola para obtener recursos para los campesinos.

Durante la presidencia del general Lázaro Cárdenas, logró que se creara el ingenio de Zacatepec y que éste trabajara en beneficio de obreros y campesinos. Jaramillo fue el primer presidente del Consejo de Administración.

En 1940, cuando ya estaba en el poder Manuel Ávila Camacho, lo expulsan del ingenio por su "actitud rebelde". Pero él sigue en contacto con los obreros y campesinos y organizan en 1942 una huelga exigiendo subir el precio de la caña y a los obreros su salario, a pesar de que el gobernador de Morelos, apellidado Perdomo, lo amenazó "si hacen ese paro te mando fusilar..."[173]

Desde entonces fue perseguido y vivía en constante peligro de caer asesinado, por lo que en 1943 se alzó en armas formando un contingente de "autodefensa", ahí se le unió Epifania García Zúñiga, quien desde entonces fue su compañera inseparable.

En 1946, después de una amnistía, funda el Partido Agrario Obrero de Morelos (PAOM), el que lo lanza de candidato para gobernador.

---

[172] Manjarrez, Froylán C., *Rubén Jaramillo*, pág. 6.
[173] *Ibid.*, pág. 19.

Gana las elecciones, pero el PRI le arrebata el triunfo por medio del fraude.

En los años que siguen, apoya a los campesinos que se oponen al "rifle sanitario", con el que indiscriminadamente mataban al ganado bovino para combatir la fiebre aftosa, y respalda también la lucha de los obreros del ingenio de Zacatepec.

En 1951, aliado a la Federación de Partidos del Pueblo Mexicano (FPPM), se lanza a la lucha por la gubernatura y en contra del PRI, apoyando a Henríquez en la elección presidencial. De nuevo se impone el fraude y Jaramillo se levanta en armas hasta 1958, cuando el presidente electo, Adolfo López Mateos, le promete garantías para su actividad política legal.

De 1958 a 1961 logra la reorganización del PAOM, consigue la destitución del gerente corrupto del ingenio de Zacatepec, Eugenio Prado; apoya la lucha de los comuneros de Ahuatepec y de los ejidatarios de Acapantzingo, que luchan por su tierra contra los acaparadores.

En febrero de 1961 Jaramillo encabeza a mil campesinos que ocupan los llanos de Michapan y Cuarín, para crear un centro de población para 6,000 campesinos con sus familias, pero son desalojados violentamente dos veces por el ejército.

Jaramillo siempre apoyó las luchas justas, fue solidario con los ferrocarrileros y los maestros, apoyó el Movimiento de Liberación Nacional y la creación de la Central Campesina Independiente. Apoyó con gran entusiasmo la Revolución Cubana y combatió contra el imperialismo norteamericano. Por esa razón se ganó el odio del gobierno de Kennedy y de la CIA.

El 23 de mayo de 1962, el gobierno de Adolfo López Mateos, cuyo secretario de Gobernación era Gustavo Díaz Ordaz, traicionando la palabra dada, ordenó su asesinato. El crimen atroz no logró matar a Jaramillo, pues los campesinos mexicanos lo recuerdan hasta ahora. "Está llorando la tierra, herida por un cuchillo... lo que le duele en el vientre... la muerte de Jaramillo..." reza un popular corrido que la gente canta en recuerdo de su héroe.

Ese 23 de mayo, Rubén se encontraba en su casa en Tlaquiltenango cuando varias decenas de soldados y civiles llegaron en jeeps y vehículos blindados y, amenazando a punta de metralletas a la familia Jaramillo, secuestraron a Rubén, a su esposa Epifania con seis meses de embarazo, y a sus hijos Filemón, Enrique y Ricardo. Sólo su hija Raquel logró huir para pedir auxilio. Momentos después, una trágica noticia corrió por todo el estado de Morelos: cerca de las ruinas de Xochicalco se encontraron los cadáveres de Jaramillo, su esposa encinta y sus tres hijos acribillados a tiros.

Al atardecer, ya la tropa y la policía tenía el control del zócalo del pueblo para atemorizar a la gente y alejarla de la casa de los Jaramillo. A pesar de la intensa vigilancia policiaca y militar, y de que el gobierno cortó el servicio de camiones y taxis, y que incluso mandó cerrar las carreteras que conducían a Tlaquiltenango, miles y miles de campesinos llegaron para velar a los mártires...

Sobre el ataúd de Rubén se colocó la vieja bandera mexicana que traía consigo desde que a los 17 años era capitán del Ejército Revolucionario del Sur de Emiliano Zapata.

Al anochecer, una partida militar se introdujo a la casa y un teniente al mirar la bandera trató de quitársela a la caja, diciendo: "La bandera mexicana sólo se le pone a los héroes". Varios valientes lo rodearon, no se amedrentaron cuando un oficial llevó su mano a la cintura para desenfundar también, dispuestos a morir. De pronto una voz rompió el silencio al exclamar: "Rubén Jaramillo es un héroe..." Los soldados se retiraron y la bandera siguió en su lugar.

Los enterraron a todos juntos. "Si los mataron juntos, los enterramos juntos", dijo la única sobreviviente de la familia Jaramillo, Raquel, hija de Pifa y a quien, lo mismo que a los otros tres hijos de Epifania, había adoptado Rubén. Pero no sólo quedaron ahí los cinco cuerpos. Con ellos, refugiado en el vientre de Pifa, el que hubiese sido el primer hijo de Rubén Jaramillo".[174]

---

[174] *Ibid.*, pág. 28.

VII

Epílogo

La revolución popular que representaron Villa y Zapata fue derrotada por los constitucionalistas. Ambos caudillos fueron asesinados, era la única forma de acabar con sus planteamientos de justicia, reivindicadores de los derechos de campesinos y obreros.

En 1929, Plutarco Elías Calles, que pertenecía al Grupo Sonora, fundó el PNR, hoy PRI, que se ha mantenido en el poder desde entonces como partido de Estado.

El régimen priísta expropió la figura de Emiliano Zapata Salazar, y los sucesores de quienes asesinaron a Zapata se presentan hoy como "zapatistas", al mismo tiempo, han enterrado todas y cada una de las conquistas de la Revolución Mexicana, llevándonos con esto a un gran retroceso.

Hoy, que vivimos el fin del régimen priísta, se presentan como salida dos opciones: la primera, sería una transición cupular pactada, que salvaguarde los intereses de los más poderosos, y que promueva un cambio que deje a salvo dichos intereses (es obvio que éste sería el planteamiento de la burguesía y el gran capital), y la segunda, sería una transición democrática, que surja de abajo, del México profundo que rescate las causas y tradiciones populares, conquiste la democracia para el pueblo e impulse la independencia nacional y la justicia social.

En estos momentos críticos para la nación, rescatar los ideales zapatistas, su experiencia, sus propuestas, su ejemplo, es vital para el pueblo de México.

Emiliano Zapata es el heredero de los grandes héroes mexicanos: Cuauhtémoc, Hidalgo y Morelos, Benito Juárez y muchos otros que han dado su vida por México. Después, sólo un presidente: Lázaro Cárdenas, que fue consecuente con los principios de la Revolución Mexicana y llevó adelante la causa del agrarismo y la independencia nacional.

Desde la muerte de Zapata, decenas de dirigentes valientes y patriotas continuaron la lucha y todos ellos se han inspirado en su ejemplo. Centenares de organizaciones obreras, campesinas y populares han levantado su bandera y miles y miles de mexicanos han evocado su memoria al tiempo que combaten por los intereses populares. Hoy en Chiapas los indígenas se han levantado reivindicando al zapatismo.

A nivel internacional, Zapata se ha convertido en un símbolo de lo mejor y más noble que tenemos los mexicanos. Y su figura recorre el mundo entero. Hoy más que nunca Zapata vive, y los mexicanos que luchamos por independencia, democracia y justicia, necesitamos conocer a fondo la vida y la obra de Emiliano Zapata Salazar y luchar por emularlo para superar obstáculos y avanzar confiados y seguros hacia el México del siglo XXI. Es tiempo de volver a cabalgar hacia el futuro.

La vida y la lucha del jefe del Ejército Revolucionario del Sur son una herencia que las mexicanas y los mexicanos conscientes sabremos honrar siendo dignos, valientes, justos y sencillos, honestos, responsables y generosos como lo fue Emiliano Zapata Salazar.

Bibliografía

ÁNGELES, FELIPE, *Genovevo de la O,* Cuadernos Mexicanos, SEP.

BARRAGÁN, JUAN, *Historia del Ejército y de la Revolución Constitucionalista,* Editorial STYLO, México, 1946.

BASURTO, JORGE, *El proletariado industrial en México. 1859-1930,* Instituto de Investigaciones Sociales, UNAM, México.

ESPEJEL, LAURA, *et al. Emiliano Zapata. Antología,* Instituto Nacional de Estudios Históricos de la Revolución Mexicana, Secretaría de Gobernación, 1988.

GILLY, ADOLFO, *La Revolución interrumpida,* Ediciones El Caballito, México, 1982.

HALPERIN, T. DOGGHI, *Historia contemporánea de América Latina,* Madrid, Alianza Editorial, 1968.

H. L. MATTHEUS, *Los Estados Unidos y América Latina,* México, Editorial Grijalbo, México, 1967.

JÜRGEN HARRER, HANS, *1910-1917. Raíces económicas de la Revolución Mexicana,* Editorial Taller Abierto, México, 1970.

HUITRÓN, JACINTO, *Orígenes e historia del movimiento obrero en México,* Editores Mexicanos Unidos, México, 1982.

KATZ, FRIEDERICH, *La guerra secreta en México,* Ediciones Era, México, 1982.

KRAUZE, ENRIQUE, *Emiliano Zapata. El amor a la tierra.* Biografía del Poder, núm. 3, Editorial FCE, México, 1987.

——— *Álvaro Obregón. El vértigo de la victoria,* Biografía del Poder, núm. 6, Editorial FCE, México, 1987.

LANGLE RAMÍREZ, ARTURO, *Huerta contra Zapata. Una campaña desigual,* Instituto de Investigaciones Históricas. Serie: Historia Moderna y Contemporánea, UNAM, México, 1986.

LAVRETSKI. I, *Francisco Villa,* Editorial Macehual, México, 1978.

LAVROV, N. M., *La Revolución Mexicana de 1910 a 1917,* Ediciones de Cultura Popular, 3a. edición, México, 1978.

MANCISIDOR, JOSÉ, *Historia de la Revolución Mexicana,* Costa-Amic Editor, 27a. edición, México, 1975.

MALDONADO, EDELMIRO, *Breve historia del movimiento obrero mexicano,* Editorial Estrella Roja, Monterrey, Nuevo León, México, 1977.

MANJARREZ, FROYLÁN, *Rubén Jaramillo. Autobiografía y Asesinato,* Editorial Nuestro Tiempo, 3a. edición, México, 1978.

MAGAÑA, GILDARDO, *Emiliano Zapata y el agrarismo en México,* Editorial Ruta, México, 1952.

MEYER, LORENZO, *México y los Estados Unidos en el conflicto petrolero (1917-1942),* El Colegio de México, México, 1972.

MILLON P. ROBERT, *Zapata: Ideología de un campesino mexicano,* Ediciones El Caballito, México, 1977.

MIRANDA BASURTO, ÁNGEL, *La evolución de México,* Editorial Herrero, 20a. edición México, 1981.

MOCTEZUMA BARRAGÁN, PABLO, *El proyecto de Estado de Venustiano Carranza,* Editorial Antárquica, México, 1990.

PAZ SOLÓRZANO, OCTAVIO, "Zapata", en *Tres revolucionarios, tres testimonios,* Editorial Eosa, Colección Biografía, México, 1986.

REYNA MUÑOZ, MANUEL, *El movimiento obrero en la revolución 1917-1919.* Serie la Lucha de la Clase Trabajadora en México, SITUAM, México, 1987.

ROBLEDO ESPARZA, GABRIEL, *El desarrollo del capitalismo mexicano,* edición del autor, México, 1975.

RODRÍGUEZ, ANTONIO, *Al rescate del petróleo,* Ediciones El Caballito, México, 1975.

ROSOFF, ROSALIND, *Así firmaron el Plan de Ayala,* Editorial SEP-70, México, 1976.

RUIZ RAMÓN, EDUARDO, *La Revolución Mexicana y el movimiento Obrero. 1911-1923,* Ediciones Era, México, 1978.

RUTH CLARK, MARJORIE, *La organización obrera en México,* Ediciones Era, México, 1979.

PEÑA DE LA, SERGIO, *El antidesarrollo en América Latina,* México, Siglo XXI Editores, 1971.

Sotelo Inclán, Jesús, *Raíz y razón de Zapata,* Editorial FCE, 2a. edición, México, 1970.

Tello, Carlos, *Exilio, un retrato de familia,* Editorial Planeta, México, 1993.

Tena Ramírez, Felipe, *Leyes fundamentales de México (1908-1979),* Editorial Porrúa, México, 1980.

Tuñón, Esperanza, *Huerta y el movimiento obrero,* Ediciones El Caballito, México, 1982.

Ulloa, Bertha, *Historia de la Revolución Mexicana. La Revolución escindida,* Editorial El Colegio de México, 1979.

—— "La Lucha Armada, 1911-1920", en *Historia General de México,* tomo IV, Editorial El Colegio de México, 1976.

Womack, John, *Zapata y la Revolución Mexicana,* Siglo XXI Editores, México, 1969.

Zapata, Emiliano, *Manifiestos,* Ediciones Antorcha, México, 1986.

Esta obra se terminó de imprimir
en enero de 2000, en
Impresora Carbayón, S.A. de C.V.
Calz. de la Viga 590
Col. Sta. Anita
México, D.F.